Di Hermann Hesse negli Oscar

L'arte dell'ozio
Il coraggio di ogni giorno
Dall'India
Dall'Italia
Demian
La felicità
Frammenti del creato
Francesco d'Assisi
Gertrud
Il gioco della vita
(2 voll. in cofanetto)
Il gioco della vita. La disperazione e la grazia - Epistolario scelto (1904-1950)
Il gioco della vita. Cittadino del mondo - Epistolario scelto (1950-1962)
Il giuoco delle perle di vetro
I grandi romanzi di Hermann Hesse
(4 voll. in cofanetto)
L'infanzia dell'incantatore
Knulp - Klein e Wagner - L'ultima estate di Klingsor
Leggende e fiabe
Il lupo della steppa
La musica del mondo
Narciso e Boccadoro
La natura ci parla
La nevrosi si può vincere
Non uccidere
Peter Camenzind
Poesie
Poesie d'amore
Racconti
Religione e mito
Romanzi
Il romanzo della mia vita
Rosshalde
Sotto la ruota
Le stagioni della vita
Sull'amore
Trilogia dell'amore e della vita
(3 voll. in cofanetto)
Il viandante

Hermann Hesse

SULL'AMORE

A cura di Volker Michels
Traduzione e introduzione di Bruna Bianchi

© Suhrkamp Verlag, Frankfurt am Main 1985
Titolo originale dell'opera: *Wer lieben kann, ist glücklich*
© 1988 Arnoldo Mondadori Editore S.p.A., Milano
© 2015 Mondadori Libri S.p.A., Milano

I edizione Oscar saggi maggio 1988
I edizione Oscar scrittori del Novecento novembre 1994
I edizione Oscar Moderni maggio 2016

ISBN 978-88-04-66805-3

Questo volume è stato stampato
presso ELCOGRAF S.p.A.
Stabilimento - Cles (TN)
Stampato in Italia. Printed in Italy

Anno 2021 - Ristampa   40 41 42

L'Editore ha cercato con ogni mezzo i titolari dei diritti
di traduzione senza riuscire a reperirli: è ovviamente
a piena disposizione per l'assolvimento di quanto occorra
nei loro confronti.

librimondadori.it

Introduzione

di Bruna Bianchi

Questo libro di "letture hessiane" sul tema dell'amore raccoglie e mescola materiali diversi: da poesie ed episodi narrativi (talora dati per intero, in maggioranza frammenti di racconti o romanzi) a estratti di scritti saggistici e citazioni dal vastissimo epistolario (gli uni e le altre di impianto prevalentemente sentenzioso e di forma spesso aforistica, risultante tuttavia più dall'abbreviazione redazionale che da una scelta dell'autore). I testi non sono inoltre disposti secondo un ordine cronologico o comunque in base a criteri storico-letterari, bensì – a grandi linee e con intersezioni e sovrapposizioni – vogliono man mano dar conto di tre grandi "variazioni sul tema": l'amore adolescenziale, concentrato all'inizio della raccolta, l'esperienza amorosa matura, che ne occupa il centro, e l'amore per l'umanità e il mondo intero, di cui soprattutto trattano gli ultimi scritti qui riuniti. In realtà la gamma di varianti emergente dall'insieme di questi testi è ancora più ampia: infatti nell'ambito dell'esperienza amorosa matura si possono distinguere almeno tre diverse possibilità, a seconda che l'amore sia inteso come scuola di sofferenza o come pratica di libertà o infine come percorso che riconduce alla Madre originaria.

Il fatto che siano stati scelti e radunati testi per la maggioranza o ancora sconosciuti in Italia – il che rappresenta senza dubbio un elemento di interesse di questa antologia – o almeno poco diffusi e poco noti, e che siano invece quantitativamente insignificanti le citazioni dalle opere più celebri dello scrittore svevo – come *L'ultima estate di Klingsor*, *Siddharta*, *Il lupo della steppa*, *Narciso e Boccadoro*, *Il giuoco delle perle di vetro* –, non è probabilmente casuale: infatti il tema dell'amore, soprattutto se specificamente inteso nel senso di "storia d'amore", non occupa che una posizione secondaria nel complesso delle tematiche hessiane, come conferma anche l'inesistenza di studi specifici o comunque di particolari menzioni di questo tema nella letteratura critica.

Per Hesse in effetti, come si vedrà meglio più avanti, non è mai interessante la "storia d'amore" in quanto tale, ma l'esperienza amorosa rappresenta di norma solo una delle tante possibili vicende del complesso percorso di costruzione/decostruzione dell'identità individuale che i suoi protagonisti attraversano.

Certo vi sono casi, nella produzione hessiana più conosciuta, in cui, se non la singola e specifica "storia d'amore", almeno il tema dell'eros e del rapporto con la donna ha un ruolo strutturalmente determinante. Pensiamo soprattutto a testi come *Il lupo della steppa*, in cui il protagonista, grazie all'incontro con la donna, entra in contatto con un mondo di sensualità che lo induce a mettere in discussione il proprio rigore intellettuale, morale ed estetico fin quasi a rinnegare – almeno momentaneamente – la propria appartenenza al mondo del pensiero, dello spirito, del Logos; oppure come *Narciso e Boccadoro*, in cui quest'ultimo personaggio abbandona a sua volta il mondo del rigore spirituale per andare alla ricerca dell'altra e opposta istanza della Natura, della corporeità e della sensualità, e per comprendere infine che la propria tensione era rivolta all'elemento materno, alla Madre archetipica, fonte dell'Essere e insieme luogo del Nulla.

A sua volta l'immagine dell'acqua, notorio simbolo dell'elemento femminile, è spesso ricorrente nell'opera hessiana (si pensi ad esempio al fiume di *Siddharta* o al lago in cui annega alla fine il protagonista del *Giuoco delle perle di vetro*); nell'acqua – e dunque nel femminile/materno – gli opposti coincidono, l'uno e il tutto, l'essere e il nulla, la luce e le tenebre sono una cosa sola. Tornare alla Madre significa pertanto tornare a un'origine indifferenziata in cui si perde l'identità individuale, e insieme il ritorno nel grembo originario racchiude in sé quell'ipotesi di rinascita infinita e di infinita trasformazione che nella visione di Hesse si pone come supremo obiettivo di ogni ricerca esistenziale.

Tutto ciò è sicuramente influenzato dalla psicologia junghiana, a cui Hesse è debitore non solo dell'identificazione dell'amore per la donna con la ricerca della Madre archetipica, ma anche della visione del femminile come parte intrinseca e inconscia della personalità maschile: infatti il personaggio androgino di Hermine, nel *Lupo della steppa*, può essere agevolmente interpretato come incarnazione dell'"anima" junghiana. Questo aspetto della concezione hessiana dell'amore e della donna non è molto valorizzato in questa raccolta, in cui le brevi citazioni dal *Lupo della steppa* non coinvolgono la figura e la funzione di Hermine e – a parte la poesia *La via che conduce alla madre* – soltanto le due fiabe *Iris* e *Le metamorfosi di Pittore* traducono in scrittura narrativa rispettivamente il percorso del ritorno alla Madre e la ricomposizione della mutila e dimidiata personalità maschile con la propria parte femminile.

Di particolare fascino è *Iris*, una fiaba romantico-simbolista che dal romanticismo novalisiano mutua elementi essenziali quali il simbolo del "fiore azzurro" e l'episodio della morte dell'amata come tappa fondamentale nel viaggio del protagonista verso il mondo dell'anima e dell'essenza. Essa risulta affine al *Lupo della steppa* in quanto anche Anselmo è indotto dal rapporto con la donna ad abbandonare la sfera del pensiero e del controllo razionale. Qui tuttavia il percorso del protagonista è ben più rigoroso e perviene a una conclusione radicale: certo anche grazie alla maggiore semplicità, rispetto ad Harry Haller, della problematica interiore di Anselmo, il quale non vive la lotta degli opposti né ambisce a una loro ricomposizione, ma soffre soltanto di un profondo "disagio della civiltà" dovuto alla perdita dell'infanzia e con ciò del rapporto con "l'unica cosa importante, se stessi e l'enigmatica connessione tra la (propria) persona e il mondo che (la) circonda".

In *Iris* si ha dunque un percorso interiore che aliena il protagonista dalla sfera della razionalità, del sapere esteriore e del successo mondano per condurlo nel fondo della propria anima, dove riposa la memoria dell'infanzia ed è custodita la consapevolezza del carattere simbolico del visibile. "Solo belle immagini" è il mondo, ma dietro di esse si cela l'essenziale: "Ogni fenomeno terrestre è un simbolo, e ogni simbolo è una porta aperta attraverso cui l'anima, se è pronta, può entrare nel cuore del mondo, dove il tu e l'io e il giorno e la notte sono una cosa sola". Lì è la "patria", lì bisogna ritornare. Con notevole rigore narrativo e con una spietata inesorabilità viene svolto da Hesse il tema di questo ritorno, che riduce Anselmo a un vecchio vagabondo misero e solitario, spogliato di tutto, prima che gli si dischiuda la porta di quell'autenticità "che non è più immagine". Il transito nell'essenza è transito nella morte, nel Nulla, e insieme è rinascita dell'Essere: il protagonista infatti, quando gli si apre la porta degli spiriti – versione gigantesca del calice dell'iris –, ritorna bambino e come tale rientra nel grembo materno alluso dal fiore simbolico. Di rado nell'opera hessiana il tema della decostruzione di un'individualità consapevolmente costruita e riconosciuta dal mondo è stato svolto in modo così radicale, di rado lo stato di grazia dell'infanzia perduta e ritrovata è stato vagheggiato poeticamente con pari efficacia.

Soltanto *Iris* dunque, nel complesso della raccolta, si riferisce in maniera esplicita a quel versante della concezione hessiana dell'amore che lo interpreta come "via che conduce alla Madre" e che nell'insieme della sua opera è così importante. Vi è tuttavia un'attinenza tra questo versante e le altre sfaccettature, qui ampiamente documentate, in cui l'amore secondo Hesse sa rifrangersi, in quanto l'esperienza amorosa è sempre concepita come esperienza squisitamente interiore.

Un primo caso è quello dell'amore come iniziazione: come transito cioè, per l'adolescente, dal mondo dell'infanzia al mondo adulto, con l'adozione di nuovi comportamenti sociali (e quindi con un adattamento a norme codificate) ma anche, per converso, con la scoperta di una nuova dimensione interiore, di una nuova e intensa capacità di sentire atta a surrogare la perduta infanzia e le sue delizie. Un esempio di questo tipo d'amore è già nel primo testo della raccolta, un frammento del racconto giovanile *Sul ghiaccio*; si possono citare inoltre i brani narrativi *L'apprendistato di Hans Dierlamm*, *Il ciclone*, "*Più era bello...*" (dal *Peter Camenzind*) e *Quando ebbi sedici anni*, quest'ultimo, più che un racconto, quasi un breve trattato che teorizza la prima esperienza d'amore appunto come iniziazione del fanciullo a una nuova sensibilità.

L'esperienza amorosa dell'età matura si presenta, oltre che come transito verso la riconquista dell'elemento materno, del doppio aspetto già segnalato o della sofferenza dovuta a un amore fedele ma impossibile, o della libertà consentita da un amore possibile perché infedele. Nel primo caso l'amore assume un oggetto, una donna, e aspira a possederlo: di conseguenza viene inevitabilmente deluso, giacché nella visione di Hesse "l'amore non vuole avere; vuole solo amare" (*Felice è chi sa amare*). Chi vuole avere, e per disgrazia ottiene, va dunque incontro alla morte stessa dell'amore (lo sa il viveur di *Lo capisce?*, convinto assertore del principio che il vero amore è solo quello infelice); oppure, più semplicemente, non ottiene (come ad esempio l'uomo semplice di *Taedium vitae*, che si innamora di una ragazza a torto ritenuta angelica e deve amaramente ricredersi).

Se vuole vivere, dunque, l'amore non deve "voler avere", non deve mirare al possesso. Su questa base teorica si sviluppa la seconda variante dell'amore adulto, che non consiste però in una rinuncia aprioristica all'appagamento. L'essenziale è che colui che ama non si fissi mai su un oggetto d'amore, ma sappia di volta in volta avvalersi di un oggetto fortuito come di una "molla" che permetta all'amore sia di nascere, sia di rivolgersi ben presto ad altri oggetti – altre donne, altri esseri, altre cose: "Non voglio custodire e nutrire il mio amore per te. Tu non sei la meta, ma la molla del mio amore. Io questo amore lo regalo via..." (*Attesa dell'avventura*).

Il protagonista di questo genere di vicenda è un tipico personaggio hessiano: il vagabondo mutuato dal romantico *Buono a nulla* di Eichendorff, l'uomo "senza tetto né legge" che ama l'amore per l'amore, l'avventura per l'avventura. Emblematica è la sua presenza nel citato frammento *Attesa dell'avventura*: ma la figura del vagabondo ha ben altra importanza nell'opera hessiana, poiché almeno simbolicamente "vagabondi senza legami, senza patria e senza codici di valori precostituiti" (Claudio Magris) sono quasi tutti i protagonisti di Hesse, da Siddharta al lupo della steppa Harry Haller, da Boccadoro a Demian e Sinclair, da Klingsor a Knulp a Klein. Non attraverso l'assunzione delle norme e dei valori borghesi a cui la modernità tenta di sottomettere le energie vitali di ciascuno, ma al contrario attraverso il loro rifiuto e una totale e rischiosa disponibilità all'esperienza è possibile muoversi, secondo

Hesse, sulla via di quella ricerca di se stessi, attraverso il libero gioco degli opposti, che sola può condurre al loro superamento e all'unione interiore con l'infinita molteplicità/unità del mondo.

Il vagabondaggio è quindi per Hesse la cifra stessa di un'esistenza degna d'essere vissuta: l'incessante ricerca, il coraggio di rischiare e di perdersi, la tensione infinita a un'autenticità che solo nel profondo dell'anima è raggiungibile sono, in varia forma, gli elementi che costituiscono il tema centrale e permanente della sua opera. Nei testi qui riuniti si può naturalmente scorgere di questo grande complesso solo un aspetto specifico, che assume la forma di una sorta di eroico libertinaggio. Si colgono comunque sfumature diverse tra gli esempi portati: se ad esempio Klingsor, nella bella lettera a Edith (da *L'ultima estate di Klingsor*), rivendica serenamente la propria condizione di amante senza oggetto in quanto destinato ad amare molti e diversi oggetti, o forse solo a desiderare senza neppure amare, l'autore fittizio del *Diario di un traviato* lamenta invece la propria fortuna con le donne, perché ogni nuova conquista equivale a una nuova morte dell'amore (cfr. anche la poesia *Seduttore*); e infelice è anche il libertino del racconto *Amore*, che d'amore si ritiene a priori incapace. Vi è infine un caso (*Cosa vide il poeta alla sera*) di effettiva e definitiva rinuncia all'appagamento sensuale, poiché solo l'amore sorgivo della prima adolescenza o comunque dell'innamoramento iniziale ha valore, mentre ciò che segue non è che "insipida feccia"; pertanto, si propone il protagonista, "devo trasformare la brama del piacere in musica, la sensualità in preghiera. Allora potrò sempre amare...".

Questa formula può valere da tramite per l'ultima specie d'amore trattata in questi testi, quella dell'amore universale: la quale si riassume per Hesse nella massima evangelica "ama il prossimo tuo", da lui considerata equivalente al "tat twan asi" buddista. Tuttavia queste massime sono valide, secondo Hesse, solo se l'amore per il prossimo riesce a non separarsi mai dall'amore per se stessi. Il brano intitolato *Felice è chi sa amare* è in tal senso il più significativo. In questi testi sentenziosi, che occupano l'ultima parte della raccolta, vengono sinteticamente formulate anche le posizioni umanitarie e pacifiste (nonché avverse ad ogni tipo di azione politica, sia essa rivoluzionaria o riformista: "ciò che possiamo e dobbiamo trasformare siamo noi stessi") di Hesse, ed ha espressione teorica, in verità non troppo approfondita, quella sua polemica contro la modernità che ha saputo trovare nei primi decenni del secolo vibrazioni marcusiane: come quando (ad esempio in *Casanova*) viene perorato il diritto/dovere del singolo di dedicare all'amore quelle energie che il mondo moderno, sia a occidente che a oriente, vuole dedicate alla politica o agli affari o al successo.

Caratteristica essenziale di questi brani è che essi raccomandano l'amore universale come condizione imprescindibile della felicità del singolo. In che modo questa forma d'amore debba esplicarsi in rapporto ai suoi oggetti non viene precisato: ciò che conta è amare – tutto, sempre e senza riscontro – di modo che l'"armonia" tra il singolo e il mondo che lo circonda non sia mai turbata. Di conseguenza l'amore universale perorato da Hesse si collega e si unisce alla sua visione dell'esperienza amorosa con la donna, sia dell'adolescenza che dell'età matura, attraverso un anello di congiunzione che consiste nell'indifferenza rispetto all'oggetto. In ogni forma d'amore raccontata o discussa ci si ripresenta infatti una tensione sentimentale che non si pone problemi di relazione, ma si appaga di se stessa.

L'amore secondo Hesse è dunque, come già detto, un'esperienza esclusivamente interiore: ed è proprio in quanto tale che assurge alla sua più alta giustificazione. Lo stato d'amore equivale infatti, in ogni sua forma, a uno stato di grazia dello spirito e dei sensi: chi ama è più vivo, la sua vita ha più significato, il suo spirito è in fermento, i suoi sensi sono acuiti e gli trasmettono emozioni più forti (come testo emblematico si veda *Quando ebbi sedici anni*). Ma l'amore come stato di grazia è strettamente connesso all'indifferenza per l'oggetto, proprio perché solo in virtù di quest'ultima l'accento può essere radicalmente spostato sull'aspetto interiore, solitario, autoappagato dall'esperienza amorosa.

Questo spiega come mai le donne di Hesse siano in genere così evanescenti, indifferenziate, anodine: poiché la loro funzione è solo quella di mettere in moto un meccanismo (l'innamoramento, lo stato d'amore dell'uomo), di scatenare un processo e non già di farne parte. L'eros vissuto equivale infatti per Hesse all'esperienza dell'eterna caducità; ed è fatale che in questo eterno fluire di caducità l'amore e la donna non possano mai individuarsi, ma debbano restare anonimi e indistinti. Solo quando è investita di una fortissima e strutturalmente determinante funzione simbolica la donna hessiana acquisisce qualche tratto individuale e un minimo di autonoma vitalità, come è il caso di Hermine nel *Lupo della steppa* e – fatte le debite proporzioni – dell'Iris della fiaba omonima: la quale, se non altro, ha, come Hermine, qualcosa da dire. Di norma invece la singola donna sfuma nell'indifferenziato, una è tutte, tutte una come nella poesia *Sogno del Paradiso terrestre*, che tematizza un mistico accoppiamento universale equivalente al dissolversi dell'individuo nel Tutto, o come nella scena della *Notte di ballo* citata dal *Lupo della steppa*.

C'è quindi solo un passo dallo stato di grazia dell'innamorato alla condizione dell'artista: almeno dell'artista hessiano, a cui lo scrittore si riferisce in prima persona nel frammento epistolare dedicato alla figura di Boccadoro (*Metamorfosi dell'amore in arte*). Egli infatti si avvale dell'amore e delle donne come l'ape si avvale dei fiori – per fare il miele, per accumulare le esperienze da cui trarrà le proprie opere. Esperienze interiori, sia ripetuto ancora; poiché appunto non si tratterà di un patrimonio di vicende vissute, di rapporti sperimentati e consumati, ma di una "goccia di piacere e di sofferenza": e sarà questa, ossia la quintessenza interiore dell'esperienza vissuta, a tramutarsi in miele. Questa "dichiarazione d'intenti" ci consente di comprendere per quale motivo sia le vicende radunate qui, sia a maggior ragione (in quanto non specificamente selezionate sul tema "amore") quelle contenute nel complesso dell'opera hessiana non possano né vogliano essere, come si accennava all'inizio, "storie d'amore" vere e proprie. Se infatti ciò che conta, anche per la sua finalizzazione artistica, è solo l'esperienza interiore di chi ama, la "storia" diventa subito indifferente e del resto ciò viene anche esplicitamente proclamato: "Non occorre che lei sappia niente della donna che ho amato" (*Lo capisce?*). "Non voglio raccontarle la storia del mio primo amore... Non voglio raccontarle delle storie d'amore... Ma la vita che vivevo allora vorrei cercare un poco di descriverla, anche se so che non ci riuscirò" (*Quando ebbi sedici anni*).

"Anche se so che non ci riuscirò": a questa frase, che allude all'insufficienza del linguaggio quando esso deve confrontarsi ad esperienze totalizzanti, possiamo appoggiare alcune considerazioni conclusive. Ciò che si può riscontrare negli scritti riuniti qui è la sostanziale semplicità del discorso hessiano sull'amore: se infatti tutta la problematica del rapporto con l'altro viene a priori tralasciata e anche lo stato stesso di innamoramento non viene mai messo in discussione (ad esempio, proustianamente, come costruzione fittizia del soggetto, investimento improprio, autoinganno), quel che resta e trionfa e viene per così dire ripetutamente "cantato" è un generico stato d'esaltazione, affatto indipendente dall'oggetto che l'ha scatenato. Questo stato del resto non scaturisce necessariamente dall'esperienza amorosa, poiché anzi un più acuto sentire, una più viva emozionalità, una vista privilegiata a cui il mondo sensibile appaia trasfigurato e carico di un senso occulto e magico non sono prerogative solo dell'innamorato, ma anche del bambino di Hesse e in generale dei suoi personaggi laddove si abbandonino senza resistenza all'esperienza interiore. Si tratta appunto dello stato di grazia: una condizione che, per sua stessa natura, sembra sottrarsi a una puntuale verbalizzazione, dato che implica la presa di contatto con quella sfera "autentica", sottratta all'ingannevole gioco delle apparenze, in cui gli opposti si risolvono in unità senza che l'infinita molteplicità delle cose vada perduta.

Questa notazione può forse spiegare alcuni tratti tipici della scrittura hessiana, notoriamente basata su una sintassi in apparenza complessa ma nella sostanza additiva – come rivela già l'uso amplissimo della congiunzione paratattica "e" (*und*) – e su un continuo gioco di anafore, iterazioni, riecheggiamenti che, mentre producono effetti musicali, a loro volta dilatano la pagina hessiana nello spazio e nel tempo. Da un lato vi è la costante ricorrenza di alcuni termini da lui prediletti, tra cui spiccano ad esempio aggettivi come *fein, leicht, zart, schlank, schmal, still, schön, tief, warm, süss, hell* ecc. – ossia fine, lieve, delicato, snello o slanciato, sottile, tacito, bello, profondo, caldo, dolce, chiaro –: aggettivi semplici (e per lo più monosillabici, come per somigliare il più possibile a note musicali), generici, non connotati, non "forti" né dal punto di vista della sonorità né da quello della carica significativa. Dall'altro vi è quel tipico contrassegno stilistico della scrittura hessiana – partecipe della tensione additiva su cui si fonda la sua sintassi – secondo cui ogni sostantivo è di regola accompagnato da almeno un aggettivo (ovvero addirittura da due o più, spesso per giunta tra loro sinonimi). Questa marca stilistica, per discutibile che sia, sembra motivata da un'esigenza espressiva ben più problematica di quanto emerga a livello del "discorso".

XV

Quest'ultimo, come detto, è in fondo semplicissimo, si potrebbe sintetizzare nel titolo del brano *Felice è chi sa amare*. Ma lo stato di grazia che lo sottende, lo stato di grazia che è il suo referente è assai meno semplice – oppure, se si vuole, è talmente semplice da aver bisogno, per essere detto, di molte, moltissime parole: perché la sua semplicità confina con l'inesprimibile, perché lo stato di grazia di Hesse si colloca virtualmente al di qua (o al di là) del linguaggio, in una sfera emotiva che, proprio perché abbraccia estaticamente il mondo intero, non potrebbe essere esaurita nemmeno da tutte le parole del vocabolario – e tuttavia preme ansiosamente per vedersi tradotta in scrittura. Chiamato a questo cimento, Hesse è dunque costretto a dar parole e ancora parole ai suoi stati di grazia, in un'eroica e perdente battaglia con l'infinitudine del mondo, con l'abissalità dell'estasi fusionale con esso. Perciò accumula senza porsi problemi di rigore e di economia, perciò ripete e ripete ancora senza timore di monotonia. Ma questa generosità della sua annunciazione, questo dispendio, questo spreco diseconomico di parole poco significanti (e perché dette e ridette e perché portatrici di un significato "debole") raggiunge almeno lo scopo di far intendere il valore assoluto – non scambiabile in moneta verbale – di quell'esperienza interna a cui le parole possono in ogni caso solo alludere, come le "belle immagini" di cui si compone il mondo fenomenico rinviano a un'essenza che soltanto l'illuminato potrà raggiungere – là, in quella "patria" oltreumana in cui non servono e non si danno parole. Lo scacco della letteratura proclama – come nei mistici – il trionfo di un'autenticità luminosa, musicale e muta.

Cronologia

1877
Hermann Hesse nasce il 2 luglio a Calw sulla Nagold, nel Württemberg, da Johannes Hesse, cittadino russo d'origine baltica, e da Maria Gundert, già vedova Isenberg. La famiglia è fervidamente pietista, i genitori sono stati missionari in India, il loro livello culturale è notevole: in particolare il nonno Gundert, noto orientalista e profondo conoscitore delle lingue e dei dialetti dell'India, continua a tenere relazioni con studiosi di ogni paese. La componente pietista e l'amore per l'India eserciteranno un influsso determinante sulla formazione dello scrittore; le diverse origini nazionali dei familiari (la nonna materna era francese) ne faranno un cittadino del mondo, alieno da ogni nazionalismo.

1881-1891
A Basilea, dove la famiglia si trasferisce dal 1881 al 1886, il piccolo Hermann frequenta la scuola per figli di missionari; la madre annota nel diario che il vivace temperamento del figlio la fa molto penare. Per questo motivo nell'89 egli trascorre tutta la settimana a scuola e viene a casa solo la domenica.
Nel 1889 Johannes Hesse, che nel frattempo è ritornato a Calw con la famiglia, ottiene la cittadinanza tedesca per il figlio, che dall'83 era cittadino svizzero. Hermann frequenta il ginnasio a Göppingen; nel '91, superato a luglio il *Landexamen*, viene ammesso al seminario di Maulbronn, dove entra nell'autunno.

1892-1894
Nel marzo 1892 fugge dal seminario; espulso per il cattivo influsso che potrebbe esercitare sui compagni, viene mandato dai genitori a Bad Boll presso il pastore ed «esorcista» Christoph Blumhardt; qui a giugno Hermann compra una pistola e minaccia il suicidio. In seguito a questo episodio viene ricoverato nella Casa di cura per malati di mente ed epilettici di Stetten, dove passa mesi di disperazione che lo allontanano per sempre dalla religione della famiglia. In seguito alle sue suppliche trova ospitalità nell'ottobre presso il pastore Pfisterer a Basilea, e quindi si iscrive al ginnasio di Cannstatt. Questa volta chiede ai genitori di ritornare a casa perché non sopporta più la vita di studio. Nel giugno del 1894 va a lavorare come apprendista alla fabbrica di orologi Perrot di Calw. In questo periodo egli comincia da solo la sua istruzione personale, approfittando della ricca biblioteca del nonno, che comprendeva tutta la poesia e la filosofia del XVIII secolo. Oltre a Goethe e a Schiller, studiati anche in seguito, legge molti contemporanei: Turgenev, Hamsun, Ibsen (per il momento apprezza Turgenev più di Dostoevskij). Sente che il difficile periodo del '92 ha dato un'impronta decisiva alla sua personalità poetica.

1895-1898
A Tübingen lavora come apprendista libraio da Heckenbauer.

1899
Pubblica *Romantische Lieder* (*Canti romantici*), raccolta di poesie, presso Pierson a Dresda (è uscito nel 1898 anche se reca impresso l'anno 1899). A luglio, le prose brevi *Eine Stunde hinter Mitternacht* (*Un'ora dopo mezzanotte*), scritte nell'inverno 1898-99 a Tübingen, vengono pubblicate a Lipsia presso l'editore Diederichs, di cui aveva conosciuto la moglie. Il libro viene recensito favorevolmente da Rilke («Le parole sono come di metallo e si leggono lente e pesanti»).
Sempre nel 1899 si trasferisce a Basilea, dove vivrà fino al 1903. In questi anni lavora alla libreria Reich e dall'antiquario Wattenwyl. Frequenta un ambiente dove è viva l'attenzione all'opera di Jacob Burckhardt, il cui pessimismo storico influirà sull'opera di Hesse.

1901
Compie il primo viaggio in Italia (visita Genova, Firenze, Pisa e Venezia), dove ritornerà ancora nel 1903. Pubblica *Hinterlassene Schriften und Gedichte von Hermann Lauscher, herausgegeben von H. Hesse* (*Scritti postumi e poesie di Hermann Lauscher, pubblicati da H. Hesse*, ed. Reich, Basilea).

1902
Pubblica *Gedichte* (*Poesie*, ed. Grote, Berlino), dedicate alla madre, che muore poco prima dell'uscita del libro.

1904
Pubblica *Peter Camenzind* presso l'editore Fischer a Berlino e gli studi biografici *Boccaccio* e *Franz von Assisi* (ed. Schuster e Löffler, Berlino e Lipsia).
Sposa a Basilea Maria Bernoulli, detta Mia, della nota famiglia di scienziati, sensibile e fine pianista.
Ispirandosi a Tolstoj, a Geremia Gotthelf e a tutto un movimento di fuga dalla città a sfondo morale-artistico allora abbastanza vivo in Germania, in parte anche per influsso degli ideali della moglie, Hesse si trasferisce in una semplice casa di contadini presa in affitto a Gaienhofen sul lago di Costanza, nel Baden. Ha inizio una fase di vita contadina a contatto con la natura, durante la quale nasceranno tre figli (Bruno, Heiner e Martin). Lo scrittore fa amicizia con Othmar Schoeck, che musicherà una ventina delle sue poesie.

1906-1910
Nel 1906 pubblica *Unterm Rad* (*Sotto la ruota*), eco attenuata delle vicende di Maulbronn e spietato smascheramento della disumanità dell'istituzione scolastica, basata sulla selettività e il principio di prestazione, non sull'esigenza di formazione. Nel 1906 lo scrittore collabora a varie riviste, fra cui «Die Propyläen», «Die Rheinlande», «Simplicissimus», e in seguito alla rivista liberale «März» con Ludwig Thoma e Kurt Arom (1907-12). Nel 1907 la famiglia si trasferisce in una casa nuova più confortevole, Am Erlenloh, sempre a Gaienhofen. Escono i volumi di rac-

conti *Diesseits* (*Da questa parte*, 1907), *Nachbarn* (*Vicini*, 1908) e *Umwege* (*Vie traverse*, 1912). *Der Weltverbesserer* è forse il più significativo, per la descrizione di uomini «alla ricerca», teosofi, vegetariani, tolstoiani, anarchici utopisti. Il romanzo *Gertrud* compare nel 1910 (la prima redazione è stata pubblicata in *Prosa aus dem Nachlass* [*Prosa inedita*], la seconda fu stampata nel 1909-10 sui «Verhangen und Klasing Monatshefte»). In quest'opera compare l'accenno alla salvezza attraverso le filosofie indiane e il Karma.

1911

Quest'anno mette fine al tentativo di condurre una vita contadina sedentaria; Hesse si pone «alla ricerca». Spinto da un'intima esigenza, durante l'estate parte per l'India, accompagnato dal pittore Hans Sturzenegger, giunge a Singapore e Sumatra e rientra alla fine dell'anno. È una tappa che lo ricollega al mondo dell'infanzia e da cui nasceranno le riflessioni sulla cultura orientale che rappresentano la risposta di Hesse a una serie di interessi estremamente vivi in molti ambienti culturali dell'epoca.

1912

La famiglia si trasferisce in Svizzera nei dintorni di Berna, nella casa in cui era vissuto il pittore Albert Welti.

1913

Pubblica *Aus Indien. Aufzeichnungen von einer indischen Reise* (*Note da un viaggio in India*, schizzi di viaggio, poesie, un racconto, ed. Fischer, Berlino).

1914

Pubblica *Rosshalde*, storia del matrimonio fallito di un artista. La «grande crisi morale» prodotta dalla guerra costringe lo scrittore a dare nuove basi a tutta la sua vita e al suo modo di pensare. Il 3 novembre 1914 rivolge dalle pagine della «Neue Zürcher Zeitung» un appello di umanità richiamandosi all'insegnamento goethiano, destando così scalpore negli ambienti nazionalisti (*O Freunde, nicht diese Töne!*, *Amici, non questi accenti!*). Dichiarato inabile al servizio militare, a cui s'era presentato come volontario, opererà per tutta la durata del conflitto nella Deutsche Gefangenenfürsorge, l'attività di assistenza ai prigionieri di guerra.

1915

Knulp. Drei Geschichten aus dem Leben Knulps (*Tre storie dalla vita di Knulp*, romanzo edito da Fischer, Berlino), lungamente preparato da vari abbozzi pubblicati nella *Prosa inedita*, rappresenta la conclusione d'una fase della vita e dell'opera dell'autore. La sua evoluzione lo porterà nel dopoguerra a un tipo di narrativa in cui la problematica assumerà un'importanza superiore a quella della componente estetica. Altri scritti: *Am Weg* (*Per via*, quattro racconti, pubblicato presso Reuss e Itta a Costanza); *Musik des Einsamen* (*Musica del solitario*, nuove poesie, pubblicato nella serie Salzer Taschenbücher, presso l'editore Salzer di Heilbronn).

1916-1918

Nel 1916 muore il padre, il figlio Martin è gravemente malato, la moglie Mia viene ricoverata in una clinica per malattie mentali. Hesse viene salvato dal crollo nervoso grazie alle cure dello psicanalista dottor J.B. Lang, allievo di Jung, che nel corso di circa sessanta sedute (di cui le prime a Sonnmatt presso Lucerna) lo inizia alla costruzione consapevole dell'io dall'esame dell'inconscio e dei suoi miti; metodo che influirà in modo rilevante sull'opera di Hesse fino al *Lupo della steppa*. Gli echi più immediati si ritrovano in *Demian*, che egli scrive fra il 1916 e il 1917. Nel 1916 pubblica il giornale degli internati tedeschi, la «Deutsche Internierten Zeitung»; fonda una casa editrice, il Verlag der Bücherzentrale für deutsche Kriegsgefangene, da cui escono ventidue volumi fra il 1918 e il 1919.

1919

Termina il servizio presso il centro di assistenza ai prigionieri di guerra, e decide di restare in Svizzera. Spera che qualcosa di nuovo possa venire alla Germania dal movimento degli Spartachisti, ma non si riconcilierà mai con la Repubblica di Weimar, di cui *Il lupo della steppa* darà un quadro oltremodo cupo. Si trasferisce nella casa Camuzzi di Montagnola nel Canton Ticino. Ormai vive separato dalla moglie, che verrà nuovamente ricoverata in cliniche per malattie mentali. Le condizioni economiche dello scrittore sono molto precarie per la svalutazione del marco tedesco: vive grazie all'appoggio materiale di alcuni amici. Pubblica *Märchen* (*Favole*, scritte fra il 1913 e il 1917, ed. Fischer, Berlino) e *Demian*, sotto lo pseudonimo di Emil Sinclair (da Isaac von Sinclair, amico di Hölderlin); a fine ottobre restituisce il premio Fontane per scrittori esordienti, assegnato al romanzo. Sempre in questo periodo esce anonimo *Zarathustras Wiederkehr. Ein Wort an die deutsche Jugend von einem Deutschen* (*Il ritorno di Zarathustra. Una parola alla gioventù tedesca*, ed. Stämpfli, Berna; uscirà sotto il suo nome nel 1920 presso Fischer). Egli stesso si fa promotore della pubblicazione di una rivista mensile di carattere politico-letterario, «Vivos voco».

1920

Escono *Klingsors letzter Sommer* (*L'ultima estate di Klingsor*: comprende i racconti *Kinderseele* [*Animo infantile*], *Klein und Wagner* [*Klein e Wagner*] e *Klingsor*); *Wanderung* (*Peregrinazione*, tredici schizzi in prosa e dieci poesie) e *Blick ins Chaos* (*Sguardo nel caos*, ed. Seldwyla, Berna: comprende i saggi su Dostoevskij *"I fratelli Karamazov" o il declino d'Europa* e *Pensieri sull'"Idiota" di Dostoevskij*). A giugno pubblica su «Vivos voco» due recensioni su Freud, a settembre una sul *Bhagavadgita* e a novembre quella sul famoso libro del conte Keyserling *Reisetagebuch eines Philosophen* (*Diario di viaggio di un filosofo*). Riceve la visita dell'orientalista Wilhelm Gundert (a cui dedicherà la seconda parte di *Siddhartha*); a settembre incontra a Lugano Romain Rolland, a cui è legato da profonda stima fin dal 1914, per la consonanza degli ideali pacifisti; a dicembre conosce Hugo ed Emmy Ball. In questi anni allestisce più volte delle mostre dei suoi dipinti.

1921

Pubblica per i tipi di Fischer *Ausgewählte Gedichte* (*Poesie scelte*; la raccolta comprende una selezione da *Canti romantici, Poesie, Per via, Musica del solitario, Peregrinazione*). In febbraio, maggio e luglio, mentre sta scrivendo *Siddhartha*, si sottopone a varie sedute psicanalitiche con Jung a Küsnacht, e non sembra azzardato dare un significato maieutico a tali incontri. In questo stesso periodo recensisce sulla «Neue Rundschau» i *Discorsi di Buddha* tradotti dal Neumann.

1922
A fine maggio riceve a Montagnola la visita di T.S. Eliot, che ha letto *Sguardo nel caos*. In agosto partecipa a Lugano al Congresso di pace della Lega internazionale delle donne, e vi incontra Romain Rolland e Bertrand Russell. Pubblica *Siddhartha*.

1923
Ottiene nuovamente la cittadinanza svizzera; durante l'estate divorzia dalla moglie Mia Bernoulli.

1924
Sposa a Basilea la cantante Ruth Wenger, con cui compie in dicembre un viaggio in Germania, dove tiene alcune letture pubbliche delle sue opere, come ha già fatto in Svizzera. In agosto riceve la visita dell'editore Fischer e di Martin Buber. Recensisce *Il tramonto dell'Occidente* di Oswald Spengler.

1925
La moglie Ruth s'ammala di tubercolosi. A novembre lo scrittore compie un altro viaggio in Germania, e a Monaco incontra Thomas Mann. A Zurigo trova un alloggio dove per anni trascorrerà l'inverno.
Pubblica *Kurgast* (*La cura*), già comparso nel 1924 in trecento esemplari con il titolo *Psychologia Balnearia oder Glossen eines Badener Kurgastes* (*Psicologia balneare o Postille di un ospite della stazione climatica di Baden*). Dal '23 fino al '52, infatti, lo scrittore continuerà a recarsi a Baden presso Zurigo per curare i dolori reumatici.

1926
Assiste per tre volte alla rappresentazione del *Flauto magico* e una volta a quella del *Don Giovanni* di Mozart; a fine dicembre in sei settimane, notte e giorno, scrive *Der Steppenwolf* (*Il lupo*

della steppa). Lo stesso stato d'animo gli aveva ispirato, alcuni mesi prima, le poesie di *Krisis. Ein Stück Tagebuch* (*Crisi. Un brano di diario*).

1927
Ruth chiede il divorzio, che le viene concesso in pochi mesi. Hesse pubblica *Die Nürnberger Reise* (*Il viaggio a Norimberga*), resoconto del viaggio del 1925; a giugno esce *Il lupo della steppa*, contemporaneamente al libro di Hugo Ball sulla vita e l'opera di Hesse.

1928
In aprile esce la raccolta di versi *Crisi* in un'edizione speciale di soli mille esemplari numerati, presso l'editore berlinese Fischer. Esce *Betrachtungen* (*Considerazioni*), che raggruppa vari articoli composti fra il 1904 e il 1927. Il libro verrà ufficialmente vietato nella Germania di Hitler, perché contenente scritti di argomento politico.

1930
Dopo una prima pubblicazione sulla «Neue Rundschau», com'è avvenuto per molte altre opere, pubblica presso Fischer *Narziss und Goldmund* (*Narciso e Boccadoro*), scritto fra il '27 e il '29. Libro «non eroico, non bellicoso», quindi non ben accolto da una generazione di eroi e di madri di eroi. In seguito non verrà ripubblicato perché contiene la descrizione di un pogrom, che Hesse rifiuta di togliere. Pubblica inoltre *Diesseits* (*Da questa parte*), in cui compaiono rimaneggiati i racconti *Diesseits, Nachbarn* (*Vicini*) e *Schön ist die Jugend* (*Bella è la giovinezza*).

1931
Hesse sposa in terze nozze Ninon Dolbin, nata Ausländer, di Czernowitz, studiosa di storia dell'arte. Abbandona la casa Camuzzi e si trasferisce in una nuova, offertagli per tutta la vita dall'amico Hans Bodmer a Montagnola, presso Lugano. Esce dalla sezione per la poesia dell'Accademia prussiana delle arti, in cui era stato accolto nel 1926: lo scrittore ha l'impressione che anch'essa contribuirà a ingannare il popolo proprio nei problemi più importanti, come già nel 1914.

Ripubblica in *Weg nach Innen* (*La via interiore*), *Siddhartha, Animo infantile, Klein e Wagner* e *L'ultima estate di Klingsor*.

1932

Pubblica *Die Morgenlandfahrt* (*Il pellegrinaggio in Oriente*), la cui copertina viene illustrata da Alfred Kubin. Comincia a lavorare a *Das Glasperlenspiel* (*Il giuoco delle perle di vetro*), che terminerà nel '43.

1933

Ha inizio il suo impegno attivo in favore degli emigrati tedeschi, per cui si prodigherà instancabilmente per anni. Ospita Thomas Mann, Bertolt Brecht, Kurt Wolff, che si sono allontanati definitivamente dalla Germania. In agosto riceve la visita dell'indologo Heinrich Zimmer.

1934

Pubblica presso la casa editrice Insel la raccolta di poesie *Vom Baum des Lebens* (*Dall'albero della vita*), dedicata a Ninon. Diventa membro dello Schweizerischer Schriftstellerverein (Unione svizzera degli scrittori) per poter aiutare più efficacemente gli scrittori tedeschi in esilio. A maggio pubblica sulla «Neue Rundschau» una delle tre «Vite» del *Giuoco delle perle di vetro*: *Der Regenmacher* (*Il mago della pioggia*). In agosto riceve la visita di Martin Buber; in ottobre incontra a Baden Thomas Mann, che gli legge in tre pomeriggi dei passi dal ciclo di *Giuseppe e i suoi fratelli*. In questo periodo, dopo avervi dedicato mesi di studio, smette di scrivere il *Vierter Lebenslauf* (*La quarta vita*). A dicembre pubblica sulla «Neue Rundschau» l'introduzione al romanzo: *Das Glasperlenspiel, Versuch einer allgemeinverständlichen Einführung in seine Geschichte von Hermann Hesse* (*Il giuoco delle perle di vetro, tentativo di una introduzione alla sua storia. Saggio alla portata di tutti*).

1935

Esce *Fabulierbuch* (*Libro di narrazioni*), una serie di racconti che fin dal 1905 Hesse voleva raccogliere in un libro di leggende. In aprile riceve la visita di Christoph Schrempf, ammirato per il suo coraggio morale fin dagli anni di Maulbronn, quando per motivi di coscienza aveva rinunciato a esercitare il suo incarico di pastore. La rivista tedesca «Die Neue Literatur» (quaderno 11 del mese di novembre) attacca Hesse per aver recensito favorevolmente il «comunista ebreo» Ernst Bloch e vari altri scrittori «ebrei» sulla rivista svedese «Bonniers Litterära Magasin». Alla fine di novembre, muore suicida il fratello Hans.

1936
Insieme a Thomas Mann e Annette Kolb sottoscrive una protesta sulla «Neue Zürcher Zeitung» contro l'espropriazione subita in Germania dall'ebreo Gottfried Bermann Fischer della propria casa editrice. A marzo pubblica su «Corona» *Erinnerung an Hans* (*Ricordo di Hans*), un commosso ritratto della ricca e sensibile personalità del fratello morto. Lo scrittore riceve il premio Gottfried Keller della fondazione Martin Bodmer di Zurigo. Nel corso dell'anno incontra Karl Kerényi, Gerhart Hauptmann e Peter Suhrkamp, che è subentrato per breve tempo alla direzione della casa editrice Fischer in Germania, mentre Gottfried Fischer si è trasferito a Vienna, dove ha fondato il Bermann Fischer Verlag per gli autori vietati nel Reich (dopo aver ricevuto il rifiuto delle autorità svizzere, in genere poco ospitali verso gli emigrati). Spedisce alla «Neue Rundschau» la seconda «Vita» del *Giuoco delle perle di vetro: Der Beichtvater* (*Il confessore*).

1937
Esce la raccolta *Neue Gedichte* (*Nuove poesie*), che contiene poesie dei cicli *Trost der Nacht* (*Conforto della notte*, del 1929), *Gedichte des Sommers 33* (*Poesie dell'estate 1933*), *Die Gedichte des jungen Josef Knecht* (*Poesie del giovane Josef Knecht*, del 1934-36). A giugno pubblica *Gedenkblätter* (*Pagine commemorative*), che verrà ampliato in una successiva edizione nel 1950 da Suhrkamp. Questi volumi rappresentano le uniche opere di Hesse pubblicate in prima edizione in Germania durante il nazismo. L'opera dello scrittore è giudicata sgradita al regime e *Sotto la ruota*, *Il lupo della steppa*, *Considerazioni* e *Narciso e Boccadoro* non possono venire ripubblicati. Un'altra parte del *Giuoco delle perle di vetro*, *Indischer Lebenslauf* (*Una vita indiana*), viene pubblicata sulla «Neue Rundschau».

Incontra nel corso dell'anno Ernst Wiechert e Thomas Mann. Si interessa per aiutare materialmente Robert Walser.

1938
In marzo cominciano ad arrivare i primi emigrati dall'Austria; si rivelano infruttuosi gli interventi di Hesse presso la polizia svizzera. Giungono a Montagnola prima Albert Ehrenstein, poi Peter Weiss. In giugno e agosto vengono pubblicati su «Corona» due capitoli del *Giuoco delle perle di vetro: Die Berufung* (*La vocazione*) e *Waldzell*.

1939
«L'attualità, la politica, il bisogno degli emigrati, l'ansia per gli amici in pericolo [...] dover assistere a tanta crudeltà – tutto ciò non rallegra l'atmosfera. Per fortuna continuano a cantare gli uccelli e il bosco di castagni riprende a fiorire.» (Lettera del 20 giugno 1939 a Felix Braun.)
In ottobre pubblica sulla «Neue Rundschau» il capitolo *Studienjahre* (*Anni di studio*).

1940
Pubblica sulla «Neue Rundschau» i capitoli *Die Mission* (*La missione*) e *Magister Ludi*. Legge *Homo ludens* di Huizinga, da poco tradotto in tedesco, sorprendentemente affine sotto certi aspetti alla sua elaborazione del concetto del Giuoco.

1941
Visita di Karl e Magda Kerényi a Montagnola.

1942-1943
Poiché lo scrittore non può continuare a pubblicare le sue opere in Germania, fa uscire l'edizione complessiva delle poesie (*Die Gedichte*) a Zurigo presso Fretz e Wasmuth.
Il 18 novembre 1943 esce *Das Glasperlenspiel. Versuch einer Lebensbeschreibung des Magister Ludi Josef Knecht samt Knechts hinterlassenen Schriften. Herausgegeben von Hermann Hesse* (*Il giuoco delle perle di vetro. Saggio biografico sul Magister Ludi Josef Knecht pubblicato in-*

sieme con i suoi scritti postumi). Peter Suhrkamp aveva tentato invano di ottenere dal ministero della Propaganda il permesso di pubblicare il libro in Germania, ed era venuto a Baden nell'agosto del 1942 per restituire a Hesse il manoscritto; allora lo scrittore si era accordato con l'editore Fretz e Wasmuth di Zurigo. Poco dopo Suhrkamp è costretto a chiudere la casa editrice già appartenente a Fischer e viene internato per breve tempo in un lager.

1945
Traumfährte (*Viaggi di sogno*, nuovi racconti e favole), dedicato a Ernst Morgenthaler, viene pubblicato da Fretz e Wasmuth.

1946
Pubblica *Krieg und Frieden. Betrachtungen zu Krieg und Politik seit dem Jahre 1914* (*Guerra e pace. Considerazioni sulla guerra e la politica dal 1914*, raccolta di scritti a partire dal famoso *Amici, non questi accenti!*). In agosto la città di Francoforte gli conferisce il premio Goethe. A novembre Hesse riceve il premio Nobel. Alla fine del mese l'editore Suhrkamp pubblica la prima edizione tedesca del *Giuoco delle perle di vetro*.

1951
Escono *Späte Prosa* (*Tarda prosa*), racconti dal 1944 al 1950, fra cui *Glück* (*Felicità*) e *Briefe* (*Lettere*). Quest'ultimo volume contiene una scelta di duecento lettere dal 1927 al 1950 ed è dedicato «All'amico Suhrkamp per il 60° compleanno». La moglie Ninon ha collaborato con il marito nella scelta delle più significative.

1952
In occasione del settantacinquesimo compleanno di Hesse, Suhrkamp pubblica le *Gesammelte Dichtungen* (*Opere*, in sei volumi).

1954
Esce *Piktors Verwandlungen* (*Le metamorfosi di Piktor*), una favola scritta nel 1922 e rimasta inedita (verrà nuovamente pubblicata in un'edizione delle *Märchen* del 1955).

1955
Esce *Beschwörungen* (*Evocazioni*), che contiene racconti, lettere agli amici e pagine di diario.

1956
Viene istituito il premio Hermann Hesse.

1957
Escono i *Gesammelte Schriften* (*Scritti*) in sette volumi, poiché ai precedenti sei delle *Gesammelte Dichtungen* ne viene aggiunto uno di prose e lettere.

1961
Viene pubblicato il volume *Stufen* (*Gradini*), una scelta di poesie vecchie e nuove.

1962
Esce un'edizione ampliata di quindici testi delle *Pagine commemorative*. Il 9 agosto Hermann Hesse muore a Montagnola.

(a cura di Maria Pia Crisanaz Palin)

Bibliografia

Opere di Hermann Hesse

OPERE COMPLETE
Sämtliche Werke, in 20 Bänden, Suhrkamp, Frankfurt a/M 2007.

POESIA
Romantische Lieder, E. Pierson, Dresden 1899.
Gedichte, Grote, Berlin 1902.
Unterwegs, G. Müller, München 1911.
Musik des Einsamen, E. Salzer, Heilbronn 1915.
Gedichte des Malers, Seldwyla, Bern 1920.
Ausgewählte Gedichte, S. Fischer, Berlin 1921.
Krisis, S. Fischer, Berlin 1928.
Trost der Nacht, S. Fischer, Berlin 1929.
Jahreszeiten, Fretz, Zürich 1931.
Vom Baum des Lebens, Insel Verlag, Leipzig 1934.
Stunden im Garten, Bermann-Fischer, Wien 1936.
Neue Gedichte, S. Fischer, Berlin 1937.
Die Gedichte, Fretz & Wasmuth, Zürich 1942.
Der Blütenzweig, Fretz & Wasmuth, Zürich 1945.
Späte Gedichte, Tschudy, St. Gallen 1946.
Letzte Gedichte, Bücherfreunde, Olten 1960.
Stufen, Suhrkamp, Frankfurt a/M 1961.
Die späten Gedichte, Insel Verlag, Frankfurt a/M 1963.
Die Gedichte 1892-1962, Suhrkamp, Frankfurt a/M 1977.

Weihnachten: Betrachtungen und Gedichten zur Winter- und Weihnachtszeit, Insel Verlag, Frankfurt a/M 2007.

ROMANZI E RACCONTI

Eine Stunde hinter Mitternacht, E. Diederichs, Leipzig 1899.
Hinterlassene Schriften und Gedichte von Hermann Lauscher, Reich, Basel 1901.
Peter Camenzind, S. Fischer, Berlin 1904.
Unterm Rad, S. Fischer, Berlin 1906.
Diesseits, S. Fischer, Berlin 1907.
Nachbarn, S. Fischer, Berlin 1908.
Gertrud, Albert Langen, München 1910.
Umwege, S. Fischer, Berlin 1912.
Aus Indien, S. Fischer, Berlin 1913.
Rosshalde, S. Fischer, Berlin 1914.
Knulp, S. Fischer, Berlin 1915.
Am Weg, Reuss und Itta Verlag, Konstanz 1915.
Schön ist die Jugend, S. Fischer, Berlin 1915.
Demian. Die Geschichte einer Jugend von Emil Sinclair, S. Fischer, Berlin 1919.
Kleiner Garten, E. P. Tal & Co. Verlag, Wien 1919.
Märchen, S. Fischer, Berlin 1919.
Klingsors letzter Sommer, S. Fischer, Berlin 1920.
Siddhartha. Eine indische Dichtung, S. Fischer, Berlin 1922.
Kurgast, S. Fischer, Berlin 1925.
Bilderbuch. Schilderungen, S. Fischer, Berlin 1926.
Die Nürnberger Reise, S. Fischer, Berlin 1927.
Der Steppenwolf, S. Fischer, Berlin 1927.
Narziss und Goldmund, S. Fischer, Berlin 1930.
Weg nach Innen, S. Fischer, Berlin 1931.
Die Morgenlandfahrt, S. Fischer, Berlin 1932.
Fabulierbuch, S. Fischer, Berlin 1935.
Stunden im Garten, Bermann-Fischer, Wien 1936.
Gedenkblätter, S. Fischer, Berlin 1937.
Der Novalis. Aus den Papieren eines Altmodischen, Bücherfreunde, Olten 1940.
Das Glasperlenspiel, Fretz & Wasmuth, Zürich 1943.

Berthold. Ein Romanfragment, Fretz & Wasmuth, Zürich 1945.
Traumfährte, Fretz & Wasmuth, Zürich 1945.
Feuerwerk, Bücherfreunde, Olten 1946.
Späte Prosa, Suhrkamp, Berlin 1951.
Piktors Verwandlungen, Suhrkamp, Berlin 1954.
Beschwörungen, Suhrkamp, Berlin 1955.
Geheimnisse, Suhrkamp, Frankfurt a/M 1964.
Prosa aus dem Nachlass, Suhrkamp, Frankfurt a/M 1965.
Der vierte Lebenslauf Josef Knechts, Suhrkamp, Frankfurt a/M 1965.
Erwin, Bücherfreunde, Olten 1965.
Die Kunst des Müssiggangs, Suhrkamp, Frankfurt a/M 1973.
Innen und Aussen, Suhrkamp, Frankfurt a/M 1977.

ARTICOLI E SAGGI

Boccaccio, Schuster & Loeffler, Berlin 1904.
Franz von Assisi, Schuster & Loeffler, Berlin 1904.
Zarathustras Wiederkehr. Ein Wort an die deutsche Jugend, Bern 1919.
Blick ins Chaos, Stämpfli & Co., Bern 1920.
Betrachtungen, S. Fischer, Berlin 1928.
Eine Bibliothek der Weltliteratur, Reclam, Leipzig 1929.
Kleine Betrachtungen, Stämpfli & Co., Bern 1941.
Dank an Goethe, Classen, Zürich 1946.
Der Europäer, Suhrkamp, Berlin 1946.
Krieg und Frieden, Fretz & Wasmuth, Zürich 1946.
Stufen der Menschwerdung, Bücherfreunde, Olten 1947.
Musikalische Notizen, Conzett & Huber, Zürich 1948.
Erinnerung an André Gide, Tschudy, St. Gallen 1951.
An einen Musiker, Bücherdreunde, Olten 1960.
Bericht an die Freunde, Bücherfreunde, Olten 1960.
Neue Deutsche Bücher. Literaturberichte für Bönnien Litterära Magasin 1935-1964, Marbach, 1965.
Politische Betrachtungen, Suhrkamp, Frankfurt a/M 1970.
Vom Wert des Alters, con fotografie di Martin Hesse e altri, Suhrkamp, Frankfurt a/M 2007.

CORRISPONDENZA

Hermann Hesse e Hans Sturzenegger, *Briefwechsel 1905-1943*, a cura di K. Bächtold, Verlag Peter Meili, Schaffausen 1984.

K. Kerényi, *Corrispondenza con Hermann Hesse (1943-1956)*, trad. it. di L. Bellotto e C. Rossi Bellotto, Sellerio, Palermo 1995.

Hermann Hesse e Thomas Mann, *Briefwechsel*, a cura di A. Carlsson, Suhrkamp, Frankfurt a/M 1999.

Die Antwort bist du selbst. Briefe an junge Menschen, a cura di V. Michels, Insel Verlag, Frankfurt a/M – Leipzig 2001.

Hermann Hesse. *In Calw daheim. Briefwechsel und Begegnungen mit Calwer Bürgern und Freunden der Schwarzwaldstadt*, a cura di S. Greiner, RG. Fischer, Frankfurt a/M 2002.

Emmy Ball-Hennings, Hugo Ball e Hermann Hesse, *Briefwechsel 1921 bis 1927*, a cura di B. Reetz, Suhrkamp, Frankfurt a/M 2003.

"Liebes Herz!" Briefwechsel mit seiner zweiten Frau Ruth, a cura di U. und V. Michels, Suhrkamp, Frankfurt a/M 2005.

Stefan Zweig e Hermann Hesse, *Briefwechsel*, a cura di V. Michels, Suhrkamp, Frankfurt a/M 2006.

Briefwechsel 1920-1930; sowie 13 Essays von Wilhelm Kunze über das Werk Hermann Hesses, a cura di W. Adam, Igel Verlag, Oldenburg 2006.

"Die dunkle und wilde Seite der Seele": Briefwechsel mit seinem Psychoanalytiker Josef Bernhard Lang: 1916-1944, a cura di T. Feitknecht, Suhrkamp, Frankfurt a/M 2006.

Alfred Kubin e Hermann Hesse, *Ausserhalb des Tages und des Schwindels. Briefwechsel 1928-1952*, a cura di V. Michels, Suhrkamp, Frankfurt a/M 2008.

"Es ging am Anfang nicht leicht mit uns": Hermann Hesse und Jakob Schaffner im Briefwechsel, a cura di C. Wamister, selezione di Hermann Affolter, Chronos, Zürich 2009.

Peter Weiss und Hermann Hesse, *Verehrter grosser Zauberer: Briefwechsel 1937-1962*, a cura di B. Mazenauer e V. Michels, Suhrkamp, Frankfurt a/M 2009.

"Sprache, die so tröstlich zu mir kam": Thomas Valentin in Briefen von und an Hermann Hesse, a cura di N.O. Eke, Aisthesis, Bielefeld 2011.

Conrad Haussmann e Hermann Hesse, *Von Poesie und Politik. Briefwechsel 1907-1922*, a cura di H. Abret, Suhrkamp, Berlin 2011.

TRADUZIONI ITALIANE

L'ultima estate di Klingsor, trad. it. di B. Allason, Sperling & Kupfer, Milano 1931.
Klein e Wagner, trad. it. di B. Allason, Sperling & Kupfer, Milano 1931.
Narciso e Boccadoro, trad. it. di C. Baseggio, Mondadori, Milano 1933.
Siddharta, trad. it. di M. Mila, Frassinelli, Torino 1945.
Il lupo della steppa, trad. it. di E. Pocar, Mondadori, Milano 1947.
Storia di un vagabondo (Knulp), trad. it. di E. Pocar, Martello, Milano 1950.
Peter Camenzind, trad. it. di E. Pocar, Martello, Milano 1951.
Demian, trad. it. di E. Pocar, Martello, Milano 1952.
Liriche, trad. it. di E. Leonardi, G. D'Anna, Messina-Firenze 1952.
Il giuoco delle perle di vetro, trad. it. di E. Pocar, Mondadori, Milano 1955.
Poesie, in *Lirici tedeschi*, trad. it. di D. Valeri, Mondadori, Milano 1959.
Lettere ai contemporanei, trad. it. di G. Ruschena Accatino, Il Saggiatore, Milano 1960.
Opere scelte, a cura di L. Mazzucchetti, Mondadori, Milano 1961 (comprende: vol. I, *Scritti autobiografici*; vol. II, *Knulp, Demian, Klein e Wagner, L'ultima estate di Klingsor, Siddharta, Il pellegrinaggio in Oriente*; vol. III, *Il lupo della steppa, Narciso e Boccadoro*; vol. IV, *Il giuoco delle perle di vetro*; vol. V, *Saggi letterari, Poesie, Scritti vari*).
Il pellegrinaggio in Oriente, trad. it. di E. Pocar, Mondadori, Milano 1961.
Scritti autobiografici, trad. it. di G. Ruschena Accatino, Mondadori, Milano 1961.
Peter Camenzind, trad. it. di L. Magliano, Rizzoli, Milano 1962.
Sotto la ruota, trad. it. di L. Magliano, Rizzoli, Milano 1964.

Poesie, in *Poesia tedesca*, trad. it. di E. Pocar, Mondadori, Milano 1964.

Il ciclone, trad. it. di E. Pocar, Mondadori, Milano 1965.

25 Poesie, trad. it. di E. Pocar, Scheiwiller, Milano 1965.

Opere scelte, a cura di E. Pocar, Mondadori, Milano 1965 (comprende: *Knulp, Il ciclone, Demian, Narciso e Boccadoro, Saggi, 25 poesie, Lettere ai contemporanei*).

Viaggio in India, trad. it. di F. Barda, SugarCo, Milano 1973.

Il miglioratore del mondo, trad. it. di M. Ulivieri, Newton Compton, Roma 1975.

Romanzi, a cura di M.P. Crisanaz Palin, prefazione di C. Magris, Mondadori, Milano 1977 (comprende: *Il lupo della steppa, Knulp, Demian, Animo infantile, Klein e Wagner, L'ultima estate di Klingsor, Siddharta*).

Siddharta, trad. it. di M. Mila, Frassinelli, Milano 1977.

Sotto la ruota, trad. it. di L. Magliano, Rizzoli, Milano 1977.

L'ultima estate di Klingsor, trad. it. di M. Specchio, Guanda, Milano 1977.

Amicizia, trad. it. di E. Banchelli, SugarCo, Milano 1978.

La cura, trad. it. di I.A. Chiusano, Adelphi, Milano 1978.

Poesie, trad. it. di M. Specchio, Guanda, Milano 1978.

Una biblioteca della letteratura universale, trad. it. di E. Castellani e I.A. Chiusano, Adelphi, Milano 1979.

Viaggio in India, trad. it. di E. Banchelli, SugarCo, Milano 1979.

Hermann Lauscher, trad. it. di E. Banchelli, SugarCo, Milano 1979.

Klein e Wagner, trad. it. di E. Pocar, Mondadori, Milano 1979.

Pellegrinaggio d'autunno e altri racconti, trad. it. di E. Banchelli, SugarCo, Milano 1979.

L'ultima estate di Klingsor, trad. it. di E. Pocar, Mondadori, Milano 1979.

Francesco d'Assisi, seguito da *L'infanzia di S. Francesco d'Assisi*, trad. it. di M.G. Cocconi Poli e E. Banchelli, SugarCo, Milano 1980.

Il mio credo, trad. it. di M.T. Giannelli, Rizzoli, Milano 1980.

Poesie, trad. it. di B. Dal Lago Veneri, Newton Compton, Roma 1980.

Peter Camenzind, trad. it. di G. Quieto, Newton Compton, Roma 1980.

L'azzurra lontananza, trad. it. di L. Coeta, SugarCo, Milano 1980.
Gertrud, trad. it. di M.T. Mandalari, Mondadori, Milano 1980.
Leggende, trad. it. di M. Ulivieri, Newton Compton, Roma 1980.
Rosshalde, trad. it. di V. Finzi Vita, Newton Compton, Roma 1980.
Ticino, trad. it. di L. Magliano, Gottardo, Giubiasco 1980.
Vagabondaggio, trad. it. di M. Specchio, Newton Compton, Roma 1981.
Leggende e fiabe, trad. it. di F. Saba Sardi, Mondadori, Milano 1981.
Altri romanzi e poesie, a cura di F. Masini, Mondadori, Milano 1981.
False vocazioni, trad. it. di E. Banchelli, SugarCo, Milano 1981.
Favola d'amore. Le metamorfosi di Pictor, trad. it. di K. Tenenbaum, Stampa alternativa, Roma 1981.
Bella è la gioventù, trad. it. di M. Ulivieri, Newton Compton, Roma 1982.
Racconti, trad. it. di M. Bistolfi, Mondadori, Milano 1982.
Poesie, a cura di R. Fertonani, Mondadori, Milano 1982.
L'uomo con molti libri e altri racconti, trad. it. di F. Brunetta, Studio Tesi, Pordenone 1986.
Dall'India, trad. it. di S. Vigezzi, Garzanti, Milano 1987.
Nel chiosco di Pressel, trad. it. di A. Guareschi, Guanda, Milano 1987.
Non uccidere. Considerazioni politiche, trad. it. di F. Saba Sardi, Mondadori, Milano 1987.
Le stagioni della vita, trad. it. di V. Michels, Mondadori, Milano 1988.
Sull'amore, trad. it. di B. Bianchi, Mondadori, Milano 1988.
Il bicchiere scrivente, trad. it. di L. Magliano, Marcos y Marcos, Milano 1989.
La conversione di Casanova, trad. it. di E. Groppali, Guanda, Milano 1989.
Racconti, trad. it. di M. Ulivieri, Grandi tascabili economici Newton, Roma 1989.
Religione e mito, trad. it. di E. Gini, Mondadori, Milano 1989.
Viaggio in India e racconti indiani, trad. it. di B. Dal Lago Veneri, Grandi tascabili economici Newton, Roma 1989.
Il coraggio di ogni giorno, trad. it. di A. Apa, Mondadori, Milano 1990.

Dall'India, trad. it. di C. Groff e E. Potthoff, Mondadori, Milano 1990.

Romanzi brevi, trad. it. di F. Ricci, Newton Compton, Roma 1990.

Acquarelli, trad. it. di W. Losch e P. Leonardi, Nuovi Equilibri – Stampa alternativa, Viterbo 1991.

Dall'Italia e racconti italiani, trad. it. di F. Ricci, M. Ulivieri e B. Dal Lago Veneri, Newton Compton, Roma 1991.

La nevrosi si può vincere, trad. it. di O. Brancati, Mondadori, Milano 1991.

Racconti indiani, trad. it. di E. Banchelli, SugarCo, Milano 1991.

Breviario per l'estate, trad. it. di M. Zapparoli, Marcos y Marcos, Milano 1992.

L'ultima estate di Klingsor, trad. it. di A. Martini Lichtner, Garzanti, Milano 1999.

La felicità. Versi e pensieri, trad. it. di N. Salomon, Mondadori, Milano 2002.

La maturità rende giovani, trad. it. di S. Bini e R. Carifi, Guanda, Milano 2011.

Studi su Hermann Hesse

Da ricordare gli *Internationale Hermann-Hesse-Kolloquien*, che, iniziati nel 1977, sono arrivati nel 2008 alla tredicesima edizione. Informazioni sui contributi e le pubblicazioni si trovano all'indirizzo: http://www.hessekolloquium.de. Si segnala inoltre lo *Hermann-Hesse-Jahrbuch*, a cura di M. Ponzi, pubblicato online dal 2002.

Citiamo anche i siti http://www.hermann-hesse.de, disponibile anche in italiano, e http://www.gss.ucsb.edu/projects/hesse, a cura di Günther Gottschalk, in tedesco e inglese, che contiene contributi di giovani studiosi e una bibliografia abbastanza aggiornata. Tra i repertori bibliografici, ricordiamo almeno J. Below, *Hermann Hesse Bibliographie. Sekundärliteratur 1899-2007*, Berlin - New York 2007 (5 voll.).

BIOGRAFIE

H. Ball, *Hermann Hesse. Sein Leben und sein Werk*, S. Fischer, Berlin 1927.

G. Hafner, *Hermann Hesse. Werk und Leben*, Parus Verlag, Reinbeck 1947.

E. Gnefkow, *Hermann Hesse. Biographie*, Kirchoff, Freiburg i.B. 1952.

R. Adolph, *Montagnola. Begegnungen und Erinnerungen*, Tschudy, St. Gallen 1957.

B. Zeller, *Hermann Hesse in Selbstzeugnissen und Bilddokumenten*, Rowohlt, Reinbeck bei Hamburg 1963 (trad. it. *H. Hesse. La biografia*, Gammalibri, Milano 1983).

T. Ziolkowski, *Hermann Hesse*, Columbia University Press, New York 1966.

R. Freedman, *Hermann Hesse. Pilgrim of Crisis. A Biography*, Pantheon Books, New York 1978 (trad. it. *Hesse. Viaggio attraverso le crisi del nostro secolo*, Rizzoli, Milano 1984; ripubblicato come *Hermann Hesse pellegrino della crisi. Una biografia*, Lindau, Torino 2009).

J. Mileck, *Hermann Hesse. Life and Art*, University of California Press, Berkeley 1978.

M. e J. Sénès, *Hermann Hesse: le magicien*, Hachette, Paris 1989 (trad. it. *Hermann Hesse: il mago*, SugarCo, Milano 1992).

Album Hesse, con un saggio di E. Banchelli, introduzione di I.A. Chiusano, Mondadori, Milano 1991.

G. Cusatelli – Heiner Hesse, *Hermann Hesse*, Studio Tesi, Pordenone 1991.

C.I. Schneider, *Hermann Hesse*, Beck, München 1991 (trad. it. *Hermann Hesse*, Mondadori, Milano 1994).

A. Prinz, *"Und jedem Anfang wohnt ein Zauber inne". Die Lebensgeschichte des Hermann Hesses*, Beltz & Gelberg, Weinheim 2000 (trad. it. *Vita di Hermann Hesse*, Donzelli, Roma 2003).

M. Limberg, *Hermann Hesse*, Suhrkamp, Frankfurt a/M 2005.

M. Limberg (a cura di), *Hermann Hesse. Leben und Werk*, 2 cd audio, Der Hörverlag, München 2006.

STUDI CRITICI SULL'AUTORE E L'OPERA

M. Schmid, *Hermann Hesse. Weg und Wandlung*, Fretz & Wasmuth, Zürich 1947.

R.B. Matzig, *Hermann Hesse in Montagnola. Studien zu Werk und Innenwelt des Dichters*, Amerbach Verlag, Basel 1947; ripubblicato come *Hermann Hesse*, Reclam, Stuttgart 1949.

M.B. Benn, *Hermann Hesse: An Interpretation of the Work*, in «German Life & Letters», n.s. III, 1950.

M. Colleville, *Les problèmes religieux dans la vie et dans l'oeuvre de Hermann Hesse*, in «Études Germaniques», VII, 1952.

S. Debruge, *L'oeuvre de Hermann Hesse et la psychoanalyse*, in «Études Germaniques», VII, 1952.

J. Mileck, *The Poetry of Hermann Hesse*, in «Monatshefte für deutschen Unterricht», XLVI, 1954.

K. Nadler, *Hermann Hesse. Naturliebe, Menschenliebe, Gottesliebe*, Koehler und Amelang, Leipzig 1956.

M. Serrano, *El círculo hermético de H. Hesse y C.G. Jung*, Zig-Zag, Santiago 1965 (trad. it. *Il cerchio ermetico. C.G. Jung e H. Hesse*, Astrolabio, Roma 1976).

T. Ziolkowski, *The Novels of Hermann Hesse. A Study in Theme and Structure*, Princeton University Press, Princeton 1965.

P. Chiarini, *Esperienza poetica e autobiografica in Hermann Hesse*, in AA.VV., *Miscellanea di studi in onore di B. Tecchi*, Edizioni dell'Ateneo, Roma 1969, pp. 626-39.

H.J. Lüthi, *Hermann Hesse. Natur und Geist*, Kohlhammer, Stuttgart-Berlin-Köln-Mainz 1970.

L. Mittner, *Storia della letteratura tedesca dal fine secolo alla sperimentazione, 1870-1970*, Einaudi, Torino 1971, pp. 464-65.

S. Givone, *Fenomenologia dell'attività artistica in Hermann Hesse*, in *Hybris e melanconia*, Mursia, Milano 1974, pp. 47-85.

R. Andreassi Ruggieri, *Hermann Hesse. Sull'esperienza dell'io e della storia*, L.U. Japadre, L'Aquila 1976.

C. Magris, *Il sorriso dell'unità ovvero Hermann Hesse fra la Vita e la vita*, prefazione a H. Hesse, *Romanzi*, Mondadori, Milano 1977, pp. XI-XXXIII.

A. Putino, *Trompe-l'oeil. Il mito di Narciso in Hermann Hesse*, Edizioni scientifiche italiane, Napoli 1978.

M. Ponzi, *Hermann Hesse*, La Nuova Italia, Firenze 1980.

F. Masini, *Hermann Hesse e l'utopia del non-possesso*, in *Gli schiavi di Efesto*, Editori riuniti, Roma 1981.

—, *La "magia del corporeo" e il sentiero della conoscenza in H. Hesse*, introduzione a H. Hesse, *Altri romanzi e poesie*, Mondadori, Milano 1981, pp. XI-XL.

AA.VV., *Hermann Hesse e i suoi lettori*, Atti del convegno "H.H. Opera e impronta", a cura di G. Cusatelli, Pratiche, Parma 1982.

E. Banchelli, *Invito alla lettura di Hermann Hesse*, Mursia, Milano 1988.

M. Pfeifer, *Erläuterungen zu Hermann Hesse: Peter Camenzind, Unterm Rad, Knulp*, Bange, Hollfeld 1988.

U. Apel (a cura di), *Hermann Hesse: Personen und Schlüsselfiguren in seinem Leben. Ein alphabetisches annotiertes Namensverzeichnis mit sämtlichen Fundstellen in seinen Werken und Briefen*, Saur, München 1989.

M.F. Frola, *Hermann Hesse fra armonica e teosofia: ricerca sulle fonti*, Editrice Tipografica Moderna, Nizza Monferrato 1990.

E. Groppali, *Hermann Hesse nei ricordi del suo medico*, Mondadori, Milano 1991.

M. Manzoni – G. Pontiggia (a cura di), *I volti di Hermann Hesse*. Atti del convegno, Milano, 27 marzo 1992, Fondazione Arnoldo e Alberto Mondadori, Milano 1993.

M. Ponzi, *Il mito della giovinezza in Hermann Hesse*, Vallecchi, Firenze 1997.

G. Montesano (a cura di), *Conoscere i romanzi di Hesse*, Rusconi, Milano 1997.

L.W. Tusken, *Understanding Hermann Hesse: The Man, His Myth, His Metaphor*, University of South California Press, Columbia S.C. 1998.

G. Baumann, *Der archetypische Heilsweg: Hermann Hesse, C.G. Jung und die Weltreligionen*, Schäuble, Rheinfelden-Berlin 1999.

M. Versari, *Un percorso iniziatico in Hermann Hesse: dalla caduta alla seconda innocenza*, CLUEB, Bologna 1999.

S. Bergold, *Das west-östliche Lebensprinzip in Hermann Hesses Werk*, Montaurum, Berlin 2002.

B. Lahann, *Hermann Hesse: Dichter für die Jugend der Welt*, Suhrkamp, Frankfurt a/M 2002.

U. Rothfuss (a cura di), *Mein Hermann Hesse: eine Hommage. 35 Autoren der Gegenwart über ihr Verhältnis zum meistgelesenen Dichter deutscher Sprache*, Quintessenz-Verlag Gesellschaft, Berlin 2002.

B.P. Kory, *Hermann Hesses Beziehung zur Tiefenpsychologie*, Kovač, Hamburg 2003.

R. Cotteri (a cura di), *XXIV Simposio Internazionale di Studi Italo-Tedeschi: Hermann Hesse (1877-1962) nel 40° Anniversario della Morte*, Accademia di Studi Italo-Tedeschi, Merano 2004.

F. Idotta, *Hermann Hesse: l'estetica del tentativo*, Città del Sole, Reggio C. 2004.

M. Ponzi (a cura di), *Hermann Hesse e l'"altro"*, Bruno Mondadori, Milano 2004.

M. Ponzi (a cura di), *Hermann-Hesse-Jahrbuch*, M. Niemeyer, Tübingen 2004.

A. Solbach (a cura di), *Hermann Hesse und die literarische Moderne. Kulturwissenschaftliche Facetten einer literarischen Konstante im 20. Jahrhundert*, Suhrkamp, Frankfurt a/M 2004.

I. Cornils – O. Durrani (a cura di), *Hermann Hesse Today*, Rodopi, Amsterdam-New York 2005.

C. Gellner, *Hermann Hesse und die Spiritualität des Ostens*, Patmos, Düsseldorf 2005.

M. Schickling, *Hermann Hesse als Literaturkritiker*, Universitätsverlag Winter, Heidelberg 2005.

D. Gommen, *Polaritätsstrukturen im Werk Hermann Hesses. Lyrik, Epik, Drama*, Meidenbauer, München 2006.

S. Singh, *Hermann Hesse*, Philipp Reclam, Stuttgart 2006.

V. Michels e A. Pellegrini (a cura di), *Hermann Hesse pittore. Catalogo della mostra (Varese, 1996; Asti-Milano, 1997; Sestola, 1999)*, Mazzotta, Milano 2007.

J. Ma, *Stufen des Ich-Seins, Untersuchungen zur "Ich"-Problematik bei Hermann Hesse im europäischostasiatischen Kontext*, Logos Verlag, Berlin 2007.

J. Moritz, *Die musikalische Dimension der Sprachkunst: Hermann Hesse, neu gelesen*, Epistemata, Würzburg 2007.

F. Arzeni, *Un'educazione alla felicità. La lezione di Hesse e Tagore*, Rizzoli, Milano 2008.

I. Cornils (a cura di), *A Companion to the Works of Hermann Hesse*, Camden House, Rochester 2009.

Sull'amore

SUL GHIACCIO

Fu un inverno lungo e rigido, e il nostro bel fiume della Foresta Nera rimase coperto dal ghiaccio per molte settimane. Non posso dimenticare la strana sensazione, il brivido estatico con cui misi piede sul fiume nella prima mattina di gelo, perché era profondo e il ghiaccio era così limpido che potevo vedere sotto di me, come attraverso una sottile lastra di vetro, l'acqua verde, il fondo sabbioso cosparso di pietre, le piante acquatiche fantasticamente intrecciate e di tanto in tanto il dorso scuro di un pesce.

Passavo delle mezze giornate a correre sul ghiaccio coi miei compagni, le guance ardenti e le mani livide, il cuore energicamente dilatato dal moto intenso e ritmico del pattinaggio, colmo della meravigliosa, spensierata capacità di godimento che è propria dell'adolescenza. Facevamo gare di velocità, di salto in lungo, di salto in alto, giocavamo ad acchiapparci, e quelli di noi che portavano ancora i vecchi pattini d'osso legati con lo spago agli stivali non erano i corridori più scadenti. Uno però, il figlio di un industriale, possedeva un paio di "Halifax", che erano fissati senza corda né cinghia e si potevano mettere e togliere in due minuti. In seguito la voce Halifax fece parte per anni della mia lista di desideri natalizi, ma senza successo; e quando, dodici anni dopo, volli finalmente comprarmi dei pattini davvero buoni e di pregio e nel negozio chiesi degli Halifax, con grande dolore vidi morire un ideale e un pezzo di fede infantile, perché il commesso mi assicurò sorridendo che l'Halifax era un sistema antiquato e da un bel pezzo aveva perduto il primo posto. A me piaceva pattinare da solo, spesso fino al calar della notte. Filavo a tutta velocità, imparavo a fermarmi o a svoltare in piena corsa in qualsiasi punto, descrivevo dei begli archi bilanciandomi col godimento di un aviatore. Molti dei miei compagni usavano le ore di pattinaggio per star dietro alle ragazze e far loro la corte. Per me le ragazze non esistevano. Mentre gli altri facevano loro da cavalieri, ronzavano loro intorno bramosi e timidi o le conducevano in coppia con audace disinvoltura, io mi godevo da solo il libero piacere dello scivolamento. Per i "conduttori di signorine" non avevo che compassione o scherno. Dalle confessioni di certi amici credevo infatti di sapere che i loro piaceri galanti erano quantomeno problematici.

Senonché, verso la fine dell'inverno, un giorno mi venne all'orecchio una grande novità corsa per tutta la scuola: il "bifolco del nord" aveva ripetutamente baciato la Emma Meier mentre si toglievano i pattini. La notizia mi fece improvvisamente salire il sangue alla testa. Baciata! Ecco una cosa ben diversa dalle insulse conversazioni e dalle impacciate strette di mano che venivano altrimenti celebrate quali estasi supreme del "condurre le signorine". Baciata! Ecco una parola di un mondo estraneo, sigillato, timidamente presagito, un parola che aveva il delizioso profumo dei frutti proibiti, qualcosa di misterioso, di poetico, d'indicibile, e apparteneva a quel territorio oscuro e dolce, pauroso e seducente che tutti noi, pur evitando di parlarne, conoscevamo per intuizione, e che ci era parzialmente svelato dalle leggendarie avventure amorose di qualche dongiovanni espulso dalla scuola. Il "bifolco del nord" era uno scolaro quattordicenne di Amburgo, chissà come capitato tra noi, per il quale avevo grande rispetto: la sua fama, che fioriva lontano dalla scuola, spesso mi toglieva il sonno.

Ed Emma Meier era incontestabilmente la scolara più carina di Gerbersau, bionda, agile, fiera e della mia stessa età.

Da quel giorno progetti e ansie si agitarono nella mia mente. Il desiderio di baciare una ragazza superava infatti ogni mio precedente ideale, sia come fatto in sé, sia perché era senza dubbio vietato e punito dalle leggi scolastiche. Rapidamente compresi che l'unica buona occasione era il solenne servizio d'amore sulla pista da pattinaggio.

Per prima cosa, dunque, cercai per quanto potevo di rendere più presentabile il mio aspetto. Dedicai tempo e cure alla pettinatura, sorvegliai puntigliosamente la pulizia dei miei abiti, abbassai graziosamente sulla fronte il berretto di pelliccia e con molte preghiere ottenni da mia sorella un foulard di seta rosa. Nello stesso tempo cominciai a salutare cortesemente, quando mi trovavo sul ghiaccio, le ragazze eventualmente idonee e credetti di vedere che questo insolito omaggio veniva accolto con stupore ma non senza compiacimento.

Molto più difficile mi riuscì il primo approccio, perché in vita mia non avevo mai "invitato" una ragazza. Cercai di osservare il comportamento dei miei amici durante questa seria cerimonia. Alcuni facevano solo un inchino e tendevano la mano, altri balbettavano qualcosa di incomprensibile, ma i più si servivano dell'elegante frase: «Posso avere l'onore?». Questa formula mi impressionò e mi allenai a pronunciarla a casa, nella mia stanza, inchinandomi davanti alla stufa e recitando le solenni parole.

Era arrivato il giorno del difficile primo passo. Già ieri avevo avuto idee di corteggiamento, ma ero tornato vigliaccamente a casa senza avere osato nulla. Oggi mi ero ripromesso di fare a qualunque costo ciò che in eguale misura temevo e bramavo. Andai alla pista col batticuore, angosciato come un delinquente, e credo che le mie mani tremassero mentre mettevo i pattini. E poi mi tuffai nella folla, prendendo velocità con un'ampia curva e sforzandomi di conservare sul viso un resto dell'usuale sicurezza e disinvoltura. Per due volte percorsi a tutta velocità l'intera lunga pista, l'aria frizzante e il moto intenso mi fecero bene.

All'improvviso, proprio sotto il ponte, andai a sbattere con estrema violenza contro qualcuno e mi scostai barcollando, costernato. Ma sul ghiaccio era seduta la bella Emma, palesemente ingoiando il dolore e guardandomi piena di rimprovero. Davanti al mio sguardo il mondo girava come una trottola.

«Aiutatemi, su!» disse alle sue amiche. Allora, scarlatto in viso, mi tolsi il berretto, mi inginocchiai accanto a lei e l'aiutai a sollevarsi.

Ora ci stavamo di fronte, spaventati e smarriti, e nessuno diceva una parola. La pelliccia, il viso e i capelli della bella ragazza mi stordivano con la loro estranea vicinanza. Cercai senza successo di escogitare una scusa, continuando a tenere in pugno il berretto. E all'improvviso, mentre i miei occhi erano come velati, feci meccanicamente un profondo inchino e balbettai: «Posso avere l'onore?».

Lei non rispose, ma prese le mie mani con le sue dita sottili, di cui sentii il calore attraverso il guanto, e partì con me. Mi sembrava di vivere uno strano sogno. Una sensazione di felicità, vergogna, calore, piacere e imbarazzo mi toglieva quasi il respiro. Pattinammo insieme per circa un quarto d'ora. Poi, in uno dei luoghi di sosta, lei liberò dolcemente le piccole mani, disse «Molte grazie» e si allontanò da sola, mentre io mi toglievo in ritardo il berretto di pelliccia e ancora a lungo restavo lì inchiodato. Soltanto in seguito rammentai che non aveva detto una sola parola per tutto il tempo.

Il ghiaccio si fuse e non potei ripetere il mio tentativo. Fu la mia prima avventura amorosa. Ma passarono anni prima che il mio sogno diventasse realtà e la mia bocca si posasse sulla bocca rossa di una donna.

TROPPO TARDI

Venni con ansia timida,
sommesso scongiurandoti,
ma del mio ingenuo fuoco
ridesti, e del mio amore
facesti solo un gioco

Sazia di giochi, esausta,
mentre cupi mi guardano
con ansia gli occhi tuoi,
quell'amore che un giorno
ti offrivo, ora lo vuoi.

Ahimè, da tempo è cenere,
mai più potrà rivivere –
era tuo, ben lo sai!
Non conosce più nomi,
vuol esser solo, ormai.

Negli anni che precedono la maturità sessuale la facoltà d'amare degli adolescenti non abbraccia soltanto i due sessi, ma tutto e ogni singola cosa, il sensuale e lo spirituale, e a ogni cosa dona il fascino amoroso e la fiabesca capacità di metamorfosi che in età più tarda solo gli eletti e i poeti vedono a volte ritornare.

L'amore non esiste per renderci felici. Io credo che esista per dimostrarci quanto sia forte la nostra capacità di sopportare il dolore.

L'amore lo si patisce, ma più lo si patisce con dedizione, più ci rende forti.

※

Più è difficile avere una cosa, più la si ama.

※

Si chiama amore ogni superiorità, ogni capacità di comprensione, ogni capacità di sorridere nel dolore. Amore per noi stessi e per il nostro destino, affettuosa adesione a ciò che l'Imperscrutabile vuole fare di noi anche quando non siamo ancora in grado di vederlo e di comprenderlo – questo è ciò a cui tendiamo.

※

L'APPRENDISTATO DI HANS DIERLAMM

1

Il commerciante di pellami Ewald Dierlamm, che da tempo non era più lecito definire un semplice conciapelli, aveva un figlio di nome Hans da cui si aspettava grandi cose: perciò gli faceva frequentare le medie superiori a Stoccarda. Ma il giovane, un ragazzo robusto e vivace, non si faceva onore a scuola e col passare degli anni non acquistava in saggezza. Costretto a ripetere ogni classe, ma per il resto menando una vita piacevole fra i teatri e le birrerie, raggiunse infine il diciottesimo anno e l'aspetto di un giovanotto prestante, mentre i suoi attuali compagni erano ancora dei ragazzini imberbi e immaturi. Hans tuttavia non tenne il passo neppure con questa annata e continuò a cercare l'appagamento dei suoi desideri e delle sue ambizioni solo in una frivola vita da uomo di mondo; a questo punto fu suggerito a suo padre di togliere dalla scuola quell'irresponsabile che rovinava se stesso e gli altri scolari. Così, un bel giorno di una splendida primavera, Hans tornò a Gerbersau in compagnia dell'afflitto genitore, ormai costretto a chiedersi che cosa si potesse fare di quel degenere. Per quella primavera, infatti, era ormai troppo tardi per spedirlo nell'esercito, come avrebbe voluto il consiglio di famiglia.

Fu proprio il giovane Hans, con grande meraviglia dei suoi genitori, a esprimere il desiderio di entrare come praticante in un'officina meccanica, dato che, come disse, si sentiva portato a fare l'ingegnere. Nella sostanza parlava sul serio, al margine però nutriva l'inconfessata speranza di essere mandato in una grande città dove ci fossero le migliori fabbriche e dove, oltre al mestiere, avrebbe anche trovato molte piacevoli occasioni di svago. Ma aveva sbagliato i calcoli. Infatti il padre, dopo le necessarie consultazioni, lo informò che, pur essendo disposto a soddisfare il suo desiderio, per intanto riteneva consigliabile farlo restare al villaggio, dove forse non c'erano le migliori officine e i migliori posti da apprendista, ma in compenso mancavano anche le tentazioni e i traviamenti. Il che del resto non era del tutto esatto, come sarebbe risultato in seguito, ma era stato deciso con le migliori intenzioni; sicché Hans Dierlamm dovette risolversi a imboccare la sua nuova strada nella cittadina natale e sotto la sorveglianza paterna. Il meccanico Haager si disse pronto ad accoglierlo, e con un certo imbarazzo il disinvolto giovane si recava ormai tutti i giorni dalla Münzgasse al suo lavoro nell'isola inferiore indossando una tuta da fabbro di tela azzurra. Questi tragitti all'inizio gli diedero una qualche pena, perché era abituato a presentarsi ai suoi concittadini più o meno benvestito. Ma ben presto si adattò e ostentò di portare la tuta per scherzo, come un travestimento. Il lavoro in se stesso invece gli fece un gran bene, dopo che per tanto tempo aveva scaldato i banchi di scuola senza combinare nulla, anzi perfino gli piacque e suscitò in lui dapprima la curiosità, poi l'ambizione, infine un'autentica gioia.

L'officina di Haager era in riva al fiume, ai piedi di una grande fabbrica le cui macchine, bisognose di manutenzione e di riparazione, erano la maggior fonte di lavoro e di guadagno per il giovane maestro artigiano. L'officina era piccola e vecchia: fino a pochi anni prima era stato papà Haager, un tenace artigiano senza alcuna preparazione scolastica, a comandarvi e a guadagnarvi dei bei soldi. Il figlio, che adesso possedeva e dirigeva l'azienda, accarezzava progetti di ampliamenti e innovazioni, ma, da prudente figlio di un severo artigiano all'antica, cominciava modestamente dalle piccole cose: e se anche parlava volentieri di propulsione a vapore, di motori e di sale macchine, continuava però a darsi da fare con le proprie mani come una volta e, a parte un tornio inglese, non si era ancora procurato dei nuovi macchinari di una qualche importanza. Teneva due lavoranti e un apprendista e aveva giusto un posto libero al banco da lavoro e una morsa inutilizzata per il nuovo volontario. In cinque la piccola stanza era piena, e i colleghi vaganti che si fermavano a chiedere lavoro non avevano da temere che li si pigliasse in parola.

L'apprendista – per cominciare dal basso – era un timido e volonteroso ragazzino di quattordici anni di cui il nuovo volontario si limitò a registrare l'esistenza. Uno dei lavoranti si chiamava Johann Schömbeck: era un uomo magro dai capelli neri, economo e ambizioso. L'altro lavorante era un uomo bello e aitante di ventotto anni, si chiamava Niklas Trefz ed era un compagno di scuola del maestro, a cui perciò dava del tu. Amichevolmente, come se fosse ovvio, Niklas dirigeva l'azienda insieme al maestro: infatti non era solo forte e imponente di figura e di contegno, ma era anche un meccanico abile e diligente che aveva certo la stoffa del maestro. Haager, il proprietario, in pubblico esibiva un modo di fare preoccupato e affaccendato, ma si sentiva perfettamente soddisfatto e aveva il suo tornaconto anche con Hans, dato che il vecchio Dierlamm doveva pagare una retta considerevole per l'apprendistato del figlio.

Tali erano le persone di cui Hans Dierlamm era diventato compagno di lavoro, o tali almeno gli sembravano. In principio fu più assorbito dal suo nuovo lavoro che dalle nuove persone. Imparò a martellare una lamina, a trafficare con mola e morsa, a distinguere i metalli, imparò ad accendere la fucina, a brandire la mazza, a dare i primi grossolani colpi di lima. Ruppe trapano e scalpello, sudò sforzandosi di limare del cattivo ferro, si sporcò di fuliggine, trucioli di metallo e olio da macchina, si schiacciò un dito col martello o si fece pizzicare dal tornio, il tutto nell'ironico silenzio dei compagni che godevano di vedere il figlio di un uomo ricco condannato a queste fatiche da principiante. Ma Hans mantenne la calma, osservò attentamente i lavoranti, nelle pause per la colazione interrogò il maestro, si cimentò mettendocela tutta, e ben presto fu in grado di eseguire pulitamente e in modo utilizzabile i lavori più semplici, a tutto vantaggio e con grande stupore del signor Haager, che aveva riposto scarsa fiducia nelle capacità del praticante.

«Credevo proprio che volesse solo giocare al meccanico per un po'» gli disse una volta con rispetto. «Ma se continua così, lo diventerà davvero.»

Hans, per cui al tempo della scuola lode e biasimo degli insegnanti non erano stati che un vacuo rumore, godette di questo primo riconoscimento come un affamato gode di un buon boccone. E siccome anche i lavoranti a poco a poco lo accettarono e smisero di guardarlo come un pagliaccio, si sentì piacevolmente libero e cominciò ad osservare l'ambiente con simpatia e curiosità.

Più di ogni altro gli piaceva Niklas Trefz, il primo lavorante, un quieto gigante biondoscuro dagli intelligenti occhi grigi. Ma passò ancora del tempo prima che questi entrasse in confidenza col nuovo. Per il momento era silenzioso e alquanto diffidente nei confronti di quel figlio di papà. Molto più accessibile si mostrava il secondo lavorante Johann Schömbeck. Di tanto in tanto accettava da Hans un sigaro e un bicchiere di birra, a volte gli concedeva piccoli vantaggi nel lavoro e si dava la pena di conquistare la simpatia del ragazzo senza per questo mettere in gioco la propria dignità di lavorante.

Una volta Hans lo invitò a passare la sera con lui: Schömbeck accettò con degnazione e gli diede appuntamento per le otto in una piccola osteria del ponte di mezzo. Si accomodarono, dalle finestre aperte si sentiva lo scroscio della chiusa, e al secondo litro di Unterländer il lavorante diventò loquace. Fumò un buon sigaro sul vino rosso chiaro e leggero e con voce smorzata iniziò Hans ai segreti d'azienda e di famiglia dell'officina Haager. Il maestro gli faceva pena, disse, perché strisciava in quel modo davanti a Trefz, il Niklas. Costui era un violento, e una volta, in occasione di un litigio, aveva pestato come un materasso lo Haager, che a quel tempo lavorava ancora per suo padre. Certo era un buon operaio, almeno quando ne aveva voglia, ma tiranneggiava tutta l'officina e si dava più arie di un maestro, anche se non possedeva un centesimo.

«Ma piglierà un salario alto» opinò Hans.

Schömbeck scoppiò a ridere e si picchiò sul ginocchio. «No,» disse strizzando l'occhio «piglia solo un marco più di me, il Niklas. E c'è una ragione. Lei conosce la Maria Testolini?»

«Degli italiani dell'isola?»

«Sì, di quella gentaglia. La Maria ha una relazione col Trefz da un bel pezzo, capisce. Lavora nella fabbrica tessile di fronte a noi. Non credo nemmeno che gli sia tanto affezionata. È vero che Niklas è un tipo grande e grosso di quelli che piacciono a tutte le ragazze, ma lei non ci tiene poi tanto all'amore.»

«Ma cosa c'entra questo col salario?»

«Col salario? E già. Dunque, il Niklas ha una relazione con lei e potrebbe essersi trovato un posto migliore da un bel pezzo, solo che resta qui per via di lei. E il maestro ci guadagna su. Il salario non glielo aumenta, e il Niklas non si licenzia perché non vuole mollare la Testolini. Gerbersau non offre granché a un meccanico, anch'io non ci resterò dopo quest'anno, ma il Niklas se ne sta qui fisso e non se ne va.»

Inoltre Hans fu informato di cose meno interessanti. Schömbeck la sapeva lunga sulla famiglia della giovane signora Haager, sulla sua dote, di cui il vecchio non voleva sganciare il resto, e sul conflitto coniugale che ne era nato. Hans Dierlamm si sorbì tutto pazientemente, finché gli sembrò che fosse ora di alzarsi e di tornare a casa. Lasciò Schömbeck col resto del vino e se ne andò.

Camminando verso casa nella tiepida sera di maggio pensava a quello che aveva appena saputo sul conto di Niklas Trefz, e non si sognava di considerarlo pazzo perché, a sentire Schömbeck, trascurava la carriera a causa di una relazione amorosa. Anzi, gli sembrava un'ottima ragione. Non credeva a tutto ciò che il lavorante dai capelli neri gli aveva raccontato, ma credeva alla storia della ragazza perché gli piaceva e somigliava ai suoi pensieri. Infatti, dacché non era più esclusivamente impegnato dalle fatiche e dalle esigenze del suo nuovo mestiere come nelle prime settimane, nelle tranquille serate di primavera lo tormentava il segreto desiderio di avere una relazione amorosa. Da scolaro aveva collezionato su questo terreno alcune prime esperienze da uomo di mondo, peraltro ancora molto innocenti. Ma adesso che portava una tuta azzurra da fabbro e che era sceso fra i più bassi strati del popolo lo allettava il pensiero di far propri anche i semplici e forti costumi popolari. Soltanto che le cose non procedevano. Le ragazze borghesi che conosceva tramite sua sorella erano avvicinabili solo nelle seratine di danza o al massimo a un grande ballo sociale, e anche lì sotto la sorveglianza delle loro arcigne madri. E nel giro degli artigiani e degli operai Hans non era ancora riuscito a farsi accettare come uno di loro.

Cercò di rammentarsi di quella tale Maria Testolini, ma non riusciva a ravvisarla. I Testolini erano un complicato clan familiare insediato in un triste quartiere povero e abitavano, insieme a numerose altre famiglie dal nome italiano, una vecchia e miserabile casetta dell'isola. Hans ricordava che nella sua adolescenza quel luogo pullulava di bambini che a Capodanno e anche in altre occasioni venivano a mendicare a casa di suo padre. Uno di quei bambini trascurati doveva appunto essere stata la Maria, e Hans si figurò una bruna, snella italiana dai grandi occhi, un po' spettinata e dagli abiti non troppo puliti. Ma tra le giovani operaie che ogni giorno vedeva passare davanti all'officina, alcune delle quali gli erano sembrate assai graziose, non riusciva a figurarsi questa Maria Testolini.

Di fatto il suo aspetto era molto diverso, e non passarono due settimane che Hans ne fece inaspettatamente la conoscenza.

Tra le stanze di servizio dell'officina, tutte piuttosto fatiscenti dalla parte del fiume, c'era una baracca semibuia che serviva da magazzino delle scorte. In un caldo pomeriggio di giugno Hans stava lavorando proprio lì, doveva contare alcune centinaia di tondini e non gli pareva vero di passare una mezz'ora o un'ora al fresco, lontano dalla torrida officina. Aveva sistemato i tondini in ordine di diametro e stava cominciando a contarli, scrivendo ogni tanto la somma col gesso sulla scura parete di legno. Contava a mezza voce tra sé: novantatré, novantaquattro. Ed ecco, una sommessa, profonda voce femminile esclamò con una mezza risata: «Novantacinque – cento – mille –».

Sbigottito e sdegnato Hans si voltò di scatto. Un'alta ragazza bionda era affacciata alla bassa finestra senza vetri, gli faceva cenno con la testa e rideva.

«Cosa c'è?» chiese sciccamente Hans.

«Un tempo magnifico» esclamò lei. «Scommetto che tu sei il nuovo volontario di qui?»

«Sì. E lei chi è?»

«Ora mi dà del lei! Bisogna essere sempre così distinti?»

«Oh, se permette, le do volentieri del tu anch'io.»

La ragazza entrò, si guardò attorno in quel buco, si inumidì l'indice e cancellò i numeri scritti col gesso.

«Ferma!» gridò lui. «Cosa fai?»

«Non sei capace di ricordarti di così poco?»

«E perché, se c'è il gesso? Adesso dovrò ricontare tutto.»

«Ahimè! Devo aiutarti?»

«Sì, volentieri.»

«Ti credo, ma ho altro da fare.»

«E che cosa? Non si direbbe.»

«Ah sì? Ecco che diventa brutale. Non sei capace di essere un po' carino?»

«Sì, se mi fai vedere come si fa.»

Lei sorrise, gli si accostò, gli passò nei capelli la mano piena e calda e lo guardò da vicino, sempre sorridendo, negli occhi. Non gli era mai successa una cosa simile si sentì oppresso e stordito.

«Sei un tipo carino, simpatico» gli disse.

Voleva dirle: "Anche tu". Ma il batticuore non gli lasciò pronunciare neanche una parola. Le prese la mano e la strinse.

«Ahi, non così forte!» esclamò lei sottovoce. «Le dita fanno male, sai.»

E lui disse: «Scusa». Ma lei gli posò per un breve istante sulla spalla la testa dai folti capelli biondi e lo guardò di sotto in su con tenera lusinga. Poi tornò a ridere con la sua calda voce profonda, gli rivolse un cenno amichevole e disinvolto e scappò via. Quando Hans uscì dalla porta per seguirla con lo sguardo, era già scomparsa.

Rimase ancora a lungo tra i suoi tondini. Dapprima era così confuso e accalorato e a disagio che non riusciva a pensare a niente e si limitava a fissare il vuoto respirando pesantemente. Ma ben presto superò questo stato e fu preso da una gioia stupefatta, sfrenata. Un'avventura! Una bella, grande ragazza era entrata da lui, lo aveva trattato bene, gli aveva voluto bene! E lui non aveva saputo comportarsi, non aveva detto niente, non sapeva neppure il suo nome, non le aveva neppure dato un bacio! Questo pensiero lo torturò e lo rese furibondo per tutto il giorno. Ma giurò a se stesso, con rabbia e beatitudine, che avrebbe rimediato a tutto e la prossima volta non sarebbe stato così stupido.

Adesso non pensava più alle italiane. Pensava in continuazione alla "prossima volta". E il giorno seguente approfittò di ogni occasione per uscire un momento dall'officina e guardarsi intorno da tutte le parti. Ma la bionda non comparve. Venne però in officina verso sera, disinvolta e indifferente, insieme a una compagna di lavoro; portava una piccola rotaia d'acciaio, un pezzo di telaio, e la fece limare. Finse di non conoscere e di non vedere Hans, scherzò invece un poco con il maestro e infine andò da Niklas Trefz, che stava provvedendo alla limatura, e parlò sottovoce con lui. Solo al momento di andarsene, dopo aver già salutato, sulla porta si voltò a guardare e gettò ad Hans una breve, calda occhiata. Poi aggrottò un poco la fronte e sbatté le palpebre, come per dire che non aveva dimenticato il loro segreto e che lui doveva ben custodirlo. E se n'era andata.

Subito dopo Johann Schömbeck passò davanti alla morsa di Hans, sogghignò in silenzio e sussurrò:

«Quella era la Testolini.»
«Quella piccola?» domandò Hans.
«No, quella bionda, alta.»

Il volontario si chinò sul suo lavoro e limò furiosamente. Limò con fragore di fischi, limò da far tremare il banco. Eccola dunque la sua avventura! Chi era l'ingannato, il primo lavorante o lui? E che fare adesso? Non aveva mai supposto che una storia d'amore potesse cominciare in modo così ingarbugliato. Per quella sera e per metà della notte non riuscì a pensare a nient'altro.

Da una parte si era subito detto che avrebbe dovuto rinunciare. Ma ormai aveva indirizzato pensieri innamorati alla bella ragazza per ventiquattr'ore, e il desiderio di baciarla e di lasciarsi amare da lei era diventato grande e possente. E poi era la prima volta che una mano di donna lo accarezzava così, che una bocca di donna lo lusingava così. La ragione e il senso del dovere si arresero al giovane innamoramento, che il sapore della coscienza sporca non abbelliva, ma neppure indeboliva. Comunque si mettessero le cose, la Maria gli voleva bene e lui voleva ricambiarla.

Tuttavia non si sentiva a suo agio. Quando ebbe il successivo convegno con Maria sotto le scale della fabbrica, le disse subito: «Senti, come stanno le cose fra il Niklas e te? È vero che è il tuo moroso?».

«Sì» rispose lei ridendo. «È tutto qui quello che hai da chiedermi?»

«No, ecco. Se gli vuoi bene non puoi mica voler bene anche a me.»

«Perché no? Il Niklas è la mia relazione, capisci, lo è da molto tempo e lo resterà. Ma tu mi piaci perché sei un ragazzino così carino. Il Niklas è severo e duro, capisci, e io voglio avere te per baciarti e per esserti cara, piccolo ragazzino. Hai qualcosa in contrario?»

No, non aveva niente in contrario. Con muta devozione posò le labbra su quella bocca fiorente, e lei, notando la sua inesperienza nel baciare, rise senza deriderlo e lo conquistò ancora di più.

2

In qualità di primo lavorante e di intimo amico del giovane maestro, finora Niklas Trefz era stato in ottimi rapporti con lui, anzi aveva quasi sempre avuto l'ultima parola in casa e in officina. Ultimamente sembrava che questo buon accordo fosse turbato, e avvicinandosi l'estate Haager diventava sempre più pungente nei confronti del lavorante. Ogni tanto gli faceva pesare il proprio titolo di maestro, non si consultava più con lui e ad ogni occasione gli faceva capire che non desiderava la continuazione dell'antico rapporto.

Trefz, sentendosi superiore, non era suscettibile nei confronti del maestro. Dapprima si stupì della sua freddezza considerandola un insolito capriccio. Ne sorrise e la accettò con calma. Ma in seguito, vedendo che Haager era sempre più impaziente e lunatico, Trefz cominciò ad osservarlo e ben presto credette di aver scoperto la causa del suo malumore.

Vedeva infatti che tra il maestro e sua moglie le cose non funzionavano. Non c'erano aperti litigi, per questo la moglie era troppo intelligente. Ma i coniugi si evitavano, la moglie non si faceva mai vedere all'officina e alla sera il marito era di rado a casa. Sia che il disaccordo dipendesse, come Johann Schömbeck credeva di sapere, dal fatto che il suocero non si lasciava convincere a sganciare più soldi, sia che andasse ricondotto a conflitti personali, in ogni caso l'atmosfera della casa era pesante, la moglie aveva spesso l'aria di aver pianto o appariva irritata e anche il marito sembrava amareggiato da pensieri sgradevoli.

Niklas, convinto che questi dissapori domestici fossero la causa di tutto, non faceva scontare al maestro la sua suscettibilità e grossolanità. A torturarlo in segreto e a riempirlo di rabbia era la subdola astuzia con cui il suo collega sfruttava a proprio vantaggio quel malumore. Schömbeck infatti, dacché aveva visto il primo lavorante cadere in disgrazia, si sforzava di conquistare il maestro con ossequiosa diligenza; e il fatto che Haager stesse al gioco e favorisse ostentatamente quell'ipocrita pungeva Trefz nel vivo.

In questo sgradevole periodo Hans Dierlamm si schierò risolutamente dalla parte di Trefz. Da un lato Niklas lo impressionava con la sua possente virilità, dall'altro l'ipocrita Schömbeck gli sembrava sempre più sospetto e ripugnante, e infine aveva la sensazione che comportandosi così con Niklas avrebbe riparato a una colpa inconfessata. Infatti, anche se il suo rapporto con la Testolini si limitava a brevi incontri frettolosi che non andavano al di là di qualche bacio e di qualche carezza, Hans sapeva di avere imboccato una via proibita e non aveva la coscienza a posto. Tanto più risolutamente rintuzzò le chiacchiere di Schömbeck e prese le parti di Niklas con un'ammirazione pari alla pietà. Non passò molto tempo che questi se ne accorse. Finora non aveva quasi badato al volontario, considerandolo semplicemente un disutile figlio di papà. Adesso lo guardava più amichevolmente, ogni tanto gli rivolgeva la parola e tollerava che nelle pause di riposo Hans gli si sedesse accanto.

Infine una sera lo invitò perfino ad accompagnarlo. «Oggi è il mio compleanno,» disse «devo pur bere una bottiglia di vino con qualcuno. Il maestro è come indemoniato, dello Schömbeck non me ne faccio niente, quel farabutto! Se vuole, Dierlamm, venga lei oggi con me. Possiamo vederci sul viale dopo cena. Vuole?»

Hans, molto contento, promise che sarebbe stato puntuale.

Era una calda serata dei primi di luglio. A casa Hans

cenò in fretta, si lavò un poco e corse al viale dove Trefz già lo aspettava.

Questi aveva indossato l'abito della domenica, e quando vide arrivare Hans con la tuta blu gli chiese con bonario rimprovero:

«Come, è ancora in uniforme?»

Hans si scusò con la fretta e Niklas rise: «Niente discorsi! Lei è un volontario, tutto qui, e si diverte a portare quegli stracci sporchi perché non sarà per molto. Noialtri ce li togliamo volentieri nelle ore libere».

Discesero fianco a fianco il buio viale dei castagni che conduceva fuori città. Dagli ultimi alberi sbucò improvvisamente l'alta figura di una ragazza che si appese al braccio del lavorante. Era Maria. Trefz non le disse una parola di saluto e la prese tranquillamente con sé, e Hans non capì se l'avesse convocata o lei fosse giunta di sua iniziativa. Il cuore gli batteva ansiosamente.

«Questo qui è il giovane signor Dierlamm» disse Niklas.

«Ah sì,» esclamò Maria ridendo «il volontario. Viene anche lei?»

«Sì, Niklas mi ha invitato.»

«È carino da parte sua. E anche lei è carino a venire. Un signorino così fine!»

«Scemenze!» esclamò Niklas. «Il Dierlamm è un mio compagno di lavoro. E adesso festeggiamo il compleanno.»

Avevano raggiunto l'osteria dei tre corvi, situata sul fiume in un piccolo giardino. Dietro si sentivano i carrettieri che chiacchieravano e giocavano a carte, fuori non c'era un'anima. Dalla finestra Trefz gridò all'oste di portare un lume. Poi si sedette a uno dei molti tavoli di assi non piallate. Maria gli si sedette accanto, Hans di fronte. L'oste arrivò con una lampada che ardeva male e la appese a un fil di ferro sopra il tavolo. Trefz ordinò un litro del migliore, pane, formaggio e sigari.

«Qui però è brutto» disse la ragazza con delusione. «Perché non entriamo? Non c'è nessuno qua fuori.»

«Bastiamo noi» disse Niklas impaziente.

Versò il vino negli spessi bicchieri, spinse il pane e formaggio verso Maria, offrì i sigari a Hans e se ne accese uno. Brindarono. Poi Trefz, come se la ragazza non ci fosse, coinvolse Hans in una lunga conversazione di natura tecnica. Sedeva chino in avanti, un gomito sul tavolo, mentre Maria accanto a lui, si appoggiava tutta all'indietro, intrecciava le braccia davanti al petto e dal buio piantava in faccia ad Hans due occhi calmi e lieti. Questi non si sentiva certo più a suo agio, e per l'imbarazzo si avvolgeva in spesse nuvole di fumo. Non aveva immaginato che si sarebbero seduti in tre allo stesso tavolo. Era contento che i due non si scambiassero tenerezze sotto i suoi occhi e si sprofondava col massimo zelo nella conversazione con il lavorante.

Sopra il giardino pallide nubi notturne si libravano nel cielo stellato, dall'osteria risuonavano a tratti conversazioni e risate, accanto a loro il fiume buio correva a valle con un lieve fruscio. Maria sedeva immobile nella penombra, lasciava proseguire i discorsi dei due uomini e teneva lo sguardo fisso su Hans. Lui lo sentiva anche senza alzare gli occhi, ora seducente, ora irridente, ora freddamente osservatore.

Trascorse così forse un'ora, e la conversazione diventò a poco a poco più lenta e pigra e alla fine cessò, e per breve tempo nessuno disse una parola. Allora la Testolini si raddrizzò. Trefz voleva versarle del vino, ma lei ritirò il bicchiere e disse freddamente: «Non è necessario, Niklas».

«Che cosa c'è?»

«C'è un compleanno. E la tua morosa sta seduta qui e per poco non si addormenta. Neanche una parola, neanche un bacio, nient'altro che un bicchiere di vino e un pezzo di pane! Se il mio moroso fosse l'uomo di pietra non sarebbe più bello di così.»

«E vai» rise Niklas scontento.

«Sì, vai! Certo che me ne vado. Per fortuna ci sono degli altri che hanno ancora voglia di guardarmi.»

Niklas trasalì. «Cosa dici?»

«Dico la verità.»

«Ah sì? Se è la verità dilla tutta. Voglio saperlo subito, chi è quel tale che ti guarda.»

«Oh, lo fanno in parecchi.»

«Voglio sapere il nome. Tu appartieni a me, e chi ti corre appresso è un farabutto e l'avrà a che fare con me.»

«Come ti pare. Però se io appartengo a te anche tu devi appartenere a me e non essere così screanzato. Non siamo mica sposati.»

«No, Maria, purtroppo no, e non posso farci niente, lo sai bene.»

«D'accordo, allora cerca di essere più gentile e non così brutale. Dio sa che cos'hai da un po' di tempo!»

«Ho delle rogne, solo delle rogne. Ma adesso beviamoci un altro bicchiere e stiamo allegri, altrimenti il Dierlamm penserà che siamo sempre così rabbiosi. Ehilà, oste dei corvi! Qui! Un'altra bottiglia!»

Hans si era molto spaventato. Ora vide con stupore che la lite appena scoppiata tornava a placarsi e accettò volentieri di bere un ultimo bicchiere in pace e in allegria.

«Allora alla salute» esclamò Niklas, brindò con entrambi e vuotò il suo bicchiere con un solo lungo sorso. Poi rise brevemente e disse in un altro tono: «Va bene, va bene. Però vi dico questo: nel giorno in cui la mia donna si metterà con un altro ci sarà una disgrazia».

«Stupido,» esclamò sottovoce Maria «cosa ti salta in mente?»

«Dico per dire» commentò tranquillamente Niklas. Si appoggiò allo schienale con con aria soddisfatta, si sbottonò il panciotto e attaccò a cantare:

«Gh'era on faber ch'el ghaveva on operari...»

Hans si unì debitamente al canto. Ma nel suo intimo aveva deciso di non aver più niente a che fare con Maria. Aveva preso paura. Sulla via del ritorno la ragazza si fermò sotto il ponte inferiore.

«Io vado a casa» disse. «Vieni anche tu?»

«D'accordo» disse il lavorante, e diede la mano ad Hans. Questi disse buona notte e proseguì da solo respirando di sollievo. Quella sera si era impadronito di lui uno spiacevole senso di terrore. Doveva continuamente figurarsi che cosa sarebbe successo se il primo lavorante lo avesse sorpreso con Maria. Questa fantasia terrificante determinò le sue decisioni, dopodiché gli riuscì facile immaginare se stesso in una luce morale che lo trasfigurava. Dopo una settimana già si raccontava di aver rinunciato al suo gioco con Maria solo per nobiltà d'animo e per amicizia verso Niklas. L'importante era che adesso evitava davvero la ragazza. Solo parecchi giorni dopo la trovò inaspettatamente sola e allora si affrettò a dirle che non poteva più venire da lei. Maria sembrò rattristarsene, e Hans sentì un peso sul cuore quando gli gettò le braccia al collo e cercò di fargli cambiare idea coi baci. Tuttavia non glieli restituì, anzi si liberò con calma forzata. Lei però non lo lasciò andare finché Hans, nell'angoscia, non minacciò di dire tutto a Niklas. Allora Maria gettò un grido e disse:

«No, non farlo. Sarebbe la mia morte.»

«Allora gli vuoi ancora bene?» domandò amaramente Hans.

«Figurati» sospirò lei. «Sciocchino, lo sai che voglio molto più bene a te. No, ma il Niklas mi ammazzerebbe. Lui è fatto così. Giurami che non gli dirai niente!»

«Va bene, ma tu devi promettermi che mi lascerai in pace.»

«Sei già stanco di me?»

«Oh, taci! Ma non posso fare le cose di nascosto da lui; non posso, devi capire. Allora promettimelo, su.»

Maria gli diede la mano, ma lui non la guardò negli occhi. Se ne andò in silenzio, e lei lo seguì con lo sguardo scuotendo la testa con affettuosa irritazione. "Che pagliaccio" pensava.

Per Hans tornarono dei brutti giorni. Il suo bisogno d'amore, vivamente eccitato da Maria e di volta in volta placato solo per un breve istante, percorreva di nuovo ardenti, frustrati cammini di sconvolgente desiderio, e solo il duro lavoro lo aiutava un giorno dopo l'altro. Ora, col crescere della calura estiva, lo stancava doppiamente. Nell'officina c'era un'afa insopportabile, lavori faticosi venivano eseguiti a dorso nudo, l'eterno, greve odore dell'olio si mescolava a quello aspro del sudore. Alla sera Hans faceva un bagno, a volte insieme a Niklas, nel fresco fiume a nord della città, poi cascava nel letto stanco morto e al mattino i suoi facevano fatica a svegliarlo per tempo.

Anche per gli altri, forse escludendo Schömbeck, la vita d'officina in quei giorni era grama. L'apprendista si beccava reprimende e ceffoni, il maestro era costantemente eccitato e brusco e Trefz penava a sopportare il suo nervosismo. A poco a poco cominciò a irritarsi anche lui. Per breve tempo lasciò che le cose andassero come volevano, poi la sua pazienza fu esaurita e una volta, dopo il pranzo di mezzogiorno, fermò il maestro in mezzo al cortile.

«Cosa vuoi?» chiese sgarbatamente Haager.

«Parlare con te una buona volta. Sai già perché. Io faccio il mio lavoro come tu desideri, sì o no?»

«Non dico di no.»

«Dunque. E tu mi tratti quasi come un apprendista. Ci dev'essere qualcosa sotto, se tutt'a un tratto non ti vado più bene. Eravamo sempre andati d'accordo.»

«Buon Dio, cosa vuoi che ti dica? Io sono come sono e non posso mica cambiare. Anche tu hai le tue fisime.»

«Sicuro, Haager, ma non sul lavoro, ecco la differenza. Ti dico solo questo: stai danneggiando i tuoi affari.»

«Sono fatti miei, non tuoi.»

«Be', allora mi fai pena. Non dico altro. Forse le cose cambieranno da sole.»

Se ne andò. Sulla porta incontrò Schömbeck, che aveva l'aria di aver ascoltato e rideva sommessamente. Gli venne voglia di picchiarlo, ma si controllò e lo oltrepassò in silenzio.

Ormai aveva capito che tra Haager e lui doveva esserci qualcosa di più di un semplice malumore, e si propose di scoprire cosa fosse. Certo, sarebbe stato meglio licenziarsi oggi stesso piuttosto che continuare a lavorare in quelle condizioni. Ma lui non poteva e non voleva lasciare Gerbersau, a causa di Maria. Sembrava al contrario che al maestro importasse poco di tenerlo, anche se la sua partenza l'avrebbe danneggiato. Irritato e triste, quando batté l'una entrò nell'officina.

Nel pomeriggio ci fu da fare una piccola riparazione nella fabbrica tessile di fronte. Succedeva spesso, perché il padrone, con l'assistenza di Haager, faceva degli esperimenti su certe vecchie macchine modificate. Un tempo queste riparazioni e modifiche erano state quasi sempre eseguite da Niklas Trefz. Ultimamente invece il maestro ci andava sempre di persona, e se gli occorreva un aiuto prendeva con sé il volontario o Schömbeck. Niklas non obiettava, ma ne era offeso come da un segno di sfiducia. In quelle occasioni aveva incontrato sempre la Testolini, che lavorava appunto in quel capannone, e adesso non poteva farsi avanti; sarebbe sembrato che lo facesse per lei.

Anche stavolta il maestro andò di fronte con Schömbeck e affidò a Niklas la sorveglianza dell'officina. Passò un'ora, poi Schömbeck tornò con alcuni attrezzi.

«A quale macchina lavorate?» domandò Hans, che si interessava di quegli esperimenti.

«Alla terza, vicino alla finestra d'angolo» disse Schömbeck guardando verso Niklas. «Ho dovuto fare tutto da solo, dato che il maestro chiacchierava così bene.»

Niklas drizzò le orecchie, perché a quella macchina prestava servizio la Testolini. Voleva stare sulle sue e non mischiarsi col lavorante, ma contro la sua volontà gli venne fuori la domanda: «E con chi? Con la Maria?».

«Indovinato» rise Schömbeck. «Le fa proprio la corte. Niente di strano, carina com'è.»

Trefz non gli rispose più. Non voleva sentire il nome di Maria da quella bocca e in quel tono. Riapplicò con violenza la lima e quando dovette smettere misurò col calibro tanto accuratamente che i suoi pensieri parvero tutti concentrati sul lavoro. Ma in mente aveva ben altro. Un brutto sospetto lo torturava, e quanto più ci rimuginava sopra tanto più gli sembrava che tutto il passato si conformasse a quel sospetto. Il maestro stava dietro a Maria, per questo da qualche tempo andava sempre personalmente alla fabbrica e non lo voleva mai con sé. Per questo l'aveva trattato con quella strana villania e intolleranza. Era geloso, e voleva indurlo a licenziarsi e ad andarsene.

Ma lui non voleva andarsene, ora meno che mai.

Alla sera andò a trovare Maria. Non c'era, e l'aspettò davanti a casa sua fino alle dieci, sulla panchina, tra le donne e i giovanotti che stavano lì ad ammazzare il tempo. Quando Maria arrivò, Niklas salì di sopra con lei.

«Hai aspettato?» gli chiese lei sulle scale.

Ma lui non rispose. In silenzio la seguì nella sua camera e chiuse la porta dietro di lei.

Maria si voltò e chiese: «Be', sei di nuovo storto? Che cos'hai?».

Lui la guardò. «Da dove vieni?»

«Da fuori. Sono uscita con la Lina e con la Christiane.»
«Ah.»
«E tu?»
«Ho aspettato di sotto. Devo parlarti.»
«Daccapo! Allora parla.»
«Per via del mio maestro, sai. Credo che ti stia dietro.»
«Quello? Lo Haager? Santo cielo, lascialo perdere.»
«No che non lo lascio perdere. Voglio sapere cosa succede. Adesso viene sempre lui, quando lì da voi c'è da fare, e anche oggi ha passato mezzo pomeriggio con te alla tua macchina. Dimmelo, che cosa c'è fra voi?»

«Un bel niente. Chiacchiera con me, non puoi mica proibirglielo. Se dipendesse da te dovrei stare sempre sotto una campana di vetro!»

«Guarda che non sto scherzando. Quello che dice quando chiacchiera con te, ecco cosa vorrei sapere.»

Lei sospirò annoiata e si sedette sul letto.

«Lascia stare lo Haager!» esclamò con impazienza. «Cosa vuoi che sia? È un po' innamorato e mi fa la corte.»

«E tu non gli hai dato una sberla?»

«Signore Iddio, e perché non avrei dovuto buttarlo addirittura dalla finestra! Lo lascio parlare e gli rido dietro. Oggi ha detto che vuole regalarmi una spilla.»

«Cosa? Ha detto questo? E tu, tu che cosa gli hai detto?»

«Che io non ho bisogno di nessuna spilla e che doveva tornarsene a casa da sua moglie. – Ma adesso basta! Che gelosia è questa! Non ci credi sul serio neanche tu.»

«Sì, sì. Allora buona notte, devo andare a casa.»

Se ne andò senza lasciarsi trattenere. Ma non si era tranquillizzato, anche se in fondo non dubitava della ragazza. Solo che intuiva oscuramente, senza saperlo con certezza, che la fedeltà di Maria era per metà paura di lui. Finché era lì poteva forse star sicuro. Ma se doveva andare in giro, no. Maria era vanitosa e ascoltava volentieri le belle parole, aveva anche cominciato presto con l'amore.

E Haager era maestro e aveva del denaro. Poteva offrirle le spille, anche se era tirchio.

Niklas camminò forse un'ora per i vicoli; le finestre si spensero una dopo l'altra e infine ci fu luce solo nelle osterie. Cercava di pensare che in fondo non era ancora successo niente di male. Ma aveva paura del futuro, dell'indomani e di ogni giorno in cui avrebbe dovuto stare accanto al maestro e lavorare e parlare con lui sapendo che quell'uomo stava dietro a Maria. Cosa sarebbe successo?

Stanco e turbato entrò in un'osteria, ordinò una bottiglia di birra e bevve refrigerio e sollievo con ogni bicchiere rapidamente vuotato. Beveva di rado, per lo più quando era in collera o insolitamente allegro, e forse da un anno non aveva più preso una sbornia. Adesso si abbandonò quasi inconsapevolmente a una bevuta irresponsabile e quando lasciò l'osteria era molto ubriaco. Si controllava però abbastanza da evitare di recarsi in quello stato a casa di Haager. Sotto il viale conosceva un prato che era stato falciato il giorno prima. Vi andò a passo ineguale e si gettò nel fieno ammucchiato per la notte, dove subito si addormentò.

3

La mattina dopo, quando Niklas arrivò all'officina stanco e pallido, ma puntuale, per caso il maestro era già lì con Schömbeck. Trefz raggiunse il suo posto in silenzio e si mise al lavoro. Allora il maestro gli gridò:

«Così finalmente sei arrivato?»

«Ho spaccato il minuto come sempre» disse Niklas con un'indifferenza simulata a fatica. «Là c'è l'orologio.»

«E dove sei stato per tutta la notte?»

«Ti riguarda?»

«Proprio così. Tu abiti da me e in casa mia voglio l'ordine.»

Niklas rise forte. Adesso se ne infischiava di quello che

poteva succedere. Ne aveva le tasche piene di Haager e delle sue stupide pretese e di tutto.

«Cosa c'è da ridere?» esclamò con rabbia il maestro.

«Mi viene da ridere, Haager. Mi succede quando sento qualcosa di buffo.»

«Qui non c'è niente di buffo. Bada a te.»

«Forse sì. Lo sai, signor maestro, la storia dell'ordine l'hai detta proprio bene. "Voglio l'ordine in casa!" Bravo, ben detto. Solo che a me viene da ridere, se uno parla di ordine e non ha nessun ordine.»

«Cosa? Cosa non ho io?»

«Nessun ordine in casa. Con noi litighi e ti infuri per ogni scemenza. Ma come stanno le cose con tua moglie, per esempio?»

«Taci! Cane! Cane, ti dico.»

Haager si era avvicinato con un balzo e fronteggiava minaccioso il lavorante. Ma Trefz, che era tre volte più forte, lo sogguardò quasi gentilmente.

«Calma!» disse adagio. «Quando si parla bisogna essere cortesi. Prima non mi hai lasciato finire. Certo tua moglie non mi riguarda, anche se mi fa pena –»

«Chiudi il becco, o –»

«Dopo, quando avrò finito. Dunque tua moglie, dico, non mi riguarda affatto, e non mi riguarda affatto che tu corra dietro alle operaie come un caprone. Però la Maria mi riguarda, lo sai quanto me. E se tu me la tocchi con un dito andrai a finir male, puoi contarci. – Ecco, ho detto quello che avevo da dire.»

Il maestro era pallido per l'eccitazione, ma non osò mettere le mani addosso a Niklas.

Intanto erano arrivati anche Hans Dierlamm e l'apprendista e si erano fermati sulla porta, stupefatti per le grida e le male parole che si erano scatenate fin dalle prime, sobrie ore del mattino. Il maestro pensò che fosse meglio evitare lo scandalo. Quindi lottò e inghiottì per un poco finché non riuscì a controllare la sua voce tremante.

Poi disse con voce forte e calma: «Allora adesso basta. Puoi andartene la prossima settimana, ho già in vista un nuovo lavorante. – All'opera, gente, avanti!».

Niklas si limitò ad annuire e non diede risposta. Fissò accuratamente sul tornio un lucido albero d'acciaio, provò il tornio, tornò a svitarlo e andò alla mola. Anche gli altri si dedicarono alle loro faccende con grande diligenza, e per tutta la mattina non furono scambiate nell'officina neanche dieci parole. Solo nell'intervallo Hans andò a trovare il primo lavorante e gli domandò sottovoce se davvero se ne sarebbe andato.

«Si capisce» disse brevemente Niklas e gli voltò le spalle.

L'ora di mezzogiorno la passò, senza andare a tavola, dormendo su un sacco di trucioli in magazzino. Ma la notizia del suo licenziamento fu portata a mezzogiorno da Schömbeck agli operai della fabbrica tessile, e la Testolini la seppe da un'amica nel primo pomeriggio.

«Sai che il Niklas se ne va? È stato licenziato.»

«Il Trefz? No!»

«Sì invece, lo Schömbeck ha appena raccontato la notizia fresca. È un peccato per lui, no?»

«Sì, se è vero. Però lo Haager è proprio una testa calda, eh! È un pezzo che cerca di attaccare con me.»

«Guarda, io gli sputerei in faccia. Con un uomo sposato non bisogna aver niente a che fare, ne escono solo delle storie stupide e dopo non ti vuole più nessuno.»

«Questo sarebbe il meno. Già dieci volte avrei potuto sposarmi, perfino con un sorvegliante. Se ne avessi voglia!»

Col maestro sarebbe stata a vedere, lui per il momento era una cosa sicura. Ma il giovane Dierlamm lo voleva, una volta che Trefz fosse partito. Il Dierlamm era così carino e fresco e aveva dei modi così garbati. Al fatto che fosse anche figlio di un uomo ricco Maria non pensava. Poteva sempre farsi dare dei soldi da Haager o ottenerli in qualche altro modo. Ma il volontario le piaceva, era bello e forte eppure ancora quasi un bambino. Niklas le faceva pena, e aveva paura dei giorni seguenti prima della sua partenza. Gli aveva voluto bene e lo trovava sempre splendidamente robusto e bello, ma aveva troppi strani umori e preoccupazioni inutili, continuava a sognare il matrimonio e ultimamente era diventato così geloso che in fondo la sua partenza non era una gran perdita.

Alla sera lo aspettò nei pressi della casa di Haager. Subito dopo cena lo vide arrivare, lo salutò e lo prese a braccetto, e passeggiando lentamente uscirono fuori città.

«È vero che ti ha licenziato?» domandò, visto che lui non cominciava.

«Ah, lo sai già anche tu?»

«Sì. E cosa pensi di fare?»

«Vado a Esslingen, mi ci hanno offerto un posto da un pezzo. E se non ne viene fuori niente vado in giro.»

«E a me non ci pensi?»

«Anche troppo. Non so come lo sopporterò. Ho sempre l'idea che dovresti venire con me.»

«Sì, sarebbe bello se fosse possibile.»

«Perché non è possibile?»

«Oh, fatti furbo! Non puoi mica andare in giro insieme a una donna come i vagabondi.»

«Questo no, ma quando avrò il posto.»

«Sì, quando lo avrai. Questo è il punto. Quando parti?»

«Domenica.»

«Allora prima scrivi e annuncia il tuo arrivo. E quando ti sarai sistemato e tutto andrà bene, mi scriverai una lettera e vedremo.»

«Allora tu dovrai venire, subito.»

«No, prima devi vedere se il posto è buono e puoi restare. E poi magari bisogna che procuri un posto anche a me, d'accordo? E dopo posso venire a consolarti. Dobbiamo solo aver pazienza per un po'.»

«Sì, come dice la canzone: "Cosa si addice a un giovanotto? Pazienza, pazienza, pazienza!". – Che il diavolo se la porti! Però hai ragione, è vero.»

Maria riuscì a renderlo più fiducioso: non risparmiò le buone parole. Certo non si sognava neppure di seguirlo né ora né mai, ma per il momento doveva dargli una speranza, altrimenti i prossimi giorni sarebbero stati insopportabili. E sebbene l'avesse già lasciato perdere e fosse convinta che a Esslingen o altrove l'avrebbe presto dimenticata e se ne sarebbe trovata un'altra, il presentimento dell'addio afferrava il suo mobile cuore e la rendeva più tenera e calda di quanto non fosse mai stata con lui. Alla fine Trefz era quasi contento.

Tuttavia questo stato durò soltanto finché Maria fu con lui. Appena si ritrovò a casa, seduto sull'orlo del letto, ogni fiducia svanì. Di nuovo lo torturavano pensieri ansiosi e diffidenti. All'improvviso si rese conto che la notizia del licenziamento non l'aveva per niente rattristata. L'aveva presa alla leggera e non gli aveva neanche chiesto se non potesse ugualmente restare. Lui certo non poteva, però lei avrebbe dovuto chiederglielo. E adesso i suoi progetti per il futuro non gli sembravano per niente convincenti.

Avrebbe voluto scrivere subito la lettera a Esslingen. Ma la sua testa era vuota e infelice, adesso, e la stanchezza lo sopraffece così bruscamente che si sarebbe quasi addormentato vestito. Si alzò senza voglia, si svestì e si coricò. Ma non ebbe una notte tranquilla. L'afa che già da parecchi giorni stagnava nella stretta valle fluviale cresceva di ora in ora, tuoni remoti litigavano al di là delle montagne e il cielo palpitava di continui lampi senza che un temporale o un acquazzone si decidessero a portare aria e frescura.

Al mattino Niklas era stanco, lucido e di malumore. Anche la rabbia del giorno prima era in gran parte svanita. Un miserevole presentimento di nostalgia cominciava a opprimerlo. Per ogni dove vedeva maestri, lavoranti, apprendisti, operai e operaie recarsi tranquillamente al lavoro e correrne fuori la sera, e perfino ogni cane sembrava rallegrarsi del proprio diritto a una patria e a una casa. Ma lui, contro la sua volontà e contro ogni ragionevolezza doveva lasciare il suo lavoro, che gli piaceva, e la sua piccola città, e andare a chiedere altrove con grande fatica ciò che aveva a lungo e senza difficoltà posseduto qui.

Quell'uomo forte si intenerì. Tacito e coscienzioso attese al suo lavoro, disse gentilmente buon giorno al maestro e perfino a Schömbeck, e quando Haager gli passava vicino lo guardava quasi con implorazione e ad ogni istante credeva che lo Haager fosse spiacente per lui e che avrebbe ritirato il licenziamento, dato che lui si mostrava così docile. Invece Haager sfuggì i suoi sguardi e si comportò come se lui non ci fosse già più, non appartenesse più alla casa e all'officina. Solo Hans Dierlamm si schierò dalla sua parte e gli fece capire con tutto un gioco di gesti rivoluzionari che lui se ne fregava del maestro e di Schömbeck e che non era affatto d'accordo con quella situazione. Ma non era di questo che il Niklas aveva bisogno.

Anche la Testolini, da cui Trefz andò alla sera triste e cupo, non seppe consolarlo. Lo ricoprì, è vero, di carezze e di buone parole, ma anche lei parlava della sua partenza in tono indifferente, come se fosse una cosa ormai decisa e ineluttabile; e quando lui si mise a parlare dei motivi di conforto e delle proposte e dei progetti che lei stessa aveva avanzato il giorno prima, Maria lo assecondò, ma con l'aria di non aver parlato troppo sul serio e perfino di aver già palesemente dimenticato alcune delle sue stesse proposte. Niklas avrebbe voluto restare con lei per la notte, ma cambiò idea e se ne andò.

Nella sua malinconia vagò senza meta per la città. Alla vista della casetta dei sobborghi in cui era cresciuto presso estranei, essendo orfano, e in cui adesso abitava un'altra famiglia, ricordò fugacemente i tempi della scuola e dell'apprendistato e alcuni bei momenti di allora, ma gli parvero infinitamente lontani e lo commossero soltanto perché gli rimandavano l'eco flebile di qualcosa che aveva perduto, che gli era divenuto estraneo. Infine l'insolito abbandono a questi sentimenti gli ripugnò. Si accese un sigaro, fece una faccia serena ed entrò in un'osteria con giardino in cui fu subito riconosciuto e chiamato da alcuni operai della fabbrica tessile.

«Ehi,» gli gridò uno che era già un po' brillo «la farai pure una festa d'addio e pagherai da bere, no?»

Niklas rise e si sedette insieme alla piccola compagnia. Promise di offrire a ciascuno due birre e in cambio si sentì dire da tutti che era un gran peccato che volesse andarsene, lui, un tipo così simpatico e benvoluto, e se alla fine non sarebbe rimasto. Lui a sua volta finse che il licenziamento fosse un'idea sua e si vantò di certi buoni posti che aveva in vista. Fu cantata una canzone, tutti brindarono, strillarono e risero, e Niklas si abbandonò a una rumorosa allegria artificiale che non gli si addiceva e di cui in fondo si vergognava. Ma per una volta voleva fare il socievole, e per abbondare entrò nell'osteria e comprò una dozzina di sigari per i suoi compagni.

Quando rientrò nel giardino sentì che a quel tavolo veniva fatto il suo nome. I più erano brilli, parlando picchiavano sul tavolo e ridevano sfrenatamente. Niklas si accorse che parlavano di lui, si nascose dietro un albero e ascoltò. Appena aveva sentito le grasse risate che sembravano riguardarlo, la sua allegria era immediatamente svanita. Rimase in piedi nell'ombra, attento e amareggiato, tendendo l'orecchio a quello che si diceva di lui.

«Matto lo è di sicuro,» sostenne uno dei più calmi «ma

forse il più stupido è Haager. Il Trefz magari è ben contento di liberarsi dell'italiana.»

«Lo conosci male» disse un altro. «È attaccato a quella tipa come una mignatta. E ottuso com'è forse non sa neanche cosa c'è in ballo. Dopo magari proviamo un po' a fargli il solletico.»

«Però sta' attento! Il Niklas può diventare spiacevole.»

«Ma figurati! Quello non si accorge di niente. Ieri sera è andato a spasso con lei, e appena se ne torna a letto, arriva lo Haager e le va insieme. Quella lì va con tutti. Vorrei sapere con chi sta questa sera.»

«Sì, ha attaccato anche col Dierlamm, col piccolo volontario. A quanto pare bisogna che siano tutti dei fabbri.»

«Oppure bisogna che abbiano i soldi! Però la storia del piccolo Dierlamm non la sapevo. Li hai visti tu?»

«Altro che. Nella stanza dei sacchi e una volta sulla scala. Si baciavano in un modo che mi ha fatto venire i brividi. Il ragazzino comincia presto, proprio come lei.»

Niklas ne aveva abbastanza. Certo aveva voglia di piombare tra quella gente con una grossa imprecazione. Ma non lo fece e se ne andò in silenzio.

Anche Hans Dierlamm non aveva dormito bene nelle ultime notti. I pensieri d'amore, la cattiva atmosfera dell'officina e l'afosa calura lo torturavano, e alla mattina arrivava spesso in ritardo al lavoro.

Il giorno seguente, dopo che aveva bevuto in fretta il caffè ed era corso giù dalle scale, con stupore si vide venire incontro Niklas Trefz.

«Salve,» disse Hans «che c'è di nuovo?»

«Del lavoro nella segheria fuori città, devi venire con me.»

Hans era meravigliato, un po' dell'insolito incarico, un po' del fatto che improvvisamente Trefz gli desse del tu. Vide che questi portava con sé un martello e una cassettina di attrezzi. Prese lui la cassetta e risalirono insieme il lungofiume uscendo dalla città e fiancheggiando prima giardini, poi prati. La mattina era nebbiosa e calda; in alto sembrava che soffiasse un ponente, ma giù nella valle regnava una completa bonaccia.

Il lavorante era cupo e sembrava stordito, come dopo una notte di forte sbornia. Dopo un poco Hans cominciò a chiacchierare, ma non ottenne risposta. Niklas gli faceva pena, ma non osò dire più niente.

A mezza strada dalla segheria, dove il fiume tortuoso cingeva una piccola penisola popolata da giovani olmi, Niklas improvvisamente si fermò. Scese fino agli olmi, si sdraiò nell'erba e fece segno ad Hans di raggiungerlo. Questi lo seguì volentieri, e tutti e due giacquero distesi fianco a fianco per un bel pezzo senza dire una parola.

Alla fine Dierlamm si addormentò. Niklas lo osservava, e quando si fu addormentato si chinò su di lui e lo guardò in faccia con grande attenzione per molto tempo. Sospirò e mormorò qualcosa tra sé e sé.

Infine balzò in piedi adirato e diede un calcio al dormiente. Sgomento e confuso Hans si levò barcollando.

«Che c'è?» domandò incerto. «Ho dormito troppo?»

Niklas lo guardò come l'aveva guardato prima, con occhi stranamente mutati. Chiese: «Sei sveglio?». Hans annuì timoroso.

«Allora attento! Lì vicino a me c'è un martello. Lo vedi?»

«Sì.»

«Sai perché l'ho portato?»

Hans lo guardò negli occhi e si spaventò indicibilmente. Terribili presentimenti lo afferrarono. Voleva scappar via, ma Trefz lo trattenne con una presa possente.

«Niente scappare! Devi ascoltarmi. Dunque il martello, io l'ho portato perché –. Insomma... il martello...»

Hans capì tutto e urlò d'angoscia. Niklas scosse il capo.

«Non c'è bisogno che gridi. Vuoi starmi a sentire?»

«Sì.»

«Lo sai già di che cosa sto parlando. Ebbene, il martello volevo picchiartelo sulla testa. – Stai calmo! Ascoltami! – Ma non ci sono riuscito. Non posso. E poi non è onesto, così in pieno sonno! Però adesso sei sveglio, e il martello l'ho messo lì. E adesso ti dico: faremo la lotta, sei forte anche tu. Faremo la lotta e chi metterà sotto l'altro potrà prendere il martello e colpire. Tu o io, uno dei due deve andarsene.»

Ma Hans scosse la testa. L'angoscia mortale l'aveva lasciato, sentiva soltanto una tristezza amara e tagliente e una compassione quasi intollerabile.

«Aspetti» disse sottovoce. «Prima voglio parlare. Possiamo sederci ancora un momento, no?»

E Niklas lo seguì. Sentiva che Hans aveva qualcosa da dire e che le cose non erano proprio come le aveva udite e immaginate.

«È per la Maria?» cominciò Hans, e Trefz annuì. Allora Hans gli raccontò tutto. Non tacque niente e non cercò di scagionarsi, ma non risparmiò neppure la ragazza, perché intuiva che l'importante era staccarlo da lei. Parlò di quella sera in cui Niklas aveva festeggiato il suo compleanno e del suo ultimo convegno con Maria.

Quando tacque, Niklas gli diede la mano e disse: «So che non ha mentito. Vogliamo tornare in officina adesso?».

«No,» disse Hans «io sì, ma lei no. Lei dovrebbe partire subito, sarebbe la cosa migliore.»

«È vero. Ma ho bisogno del mio libretto di lavoro e di un certificato del maestro.»

«Ci penso io. Venga da me stasera, le porterò tutto io. Intanto può fare i bagagli, no?»

Niklas rifletté un poco. «No,» disse infine «non è la cosa giusta. Vado in officina e chiedo all'Haager che mi lasci andare via oggi stesso. La ringrazio di aver voluto sobbarcarsi tutto questo per me, ma è meglio che ci vada di persona.»

Tornarono insieme. Quando rientrarono era passata più di mezza mattina, e Haager li accolse con violenti rimproveri. Ma Niklas lo pregò di parlare con lui un'ultima volta in amicizia e tranquillità e lo condusse fuori dalla porta. Quando tornarono, entrambi andarono tranquillamente ai loro posti e si dedicarono a un lavoro. Ma nel pomeriggio Niklas non c'era più, e la settimana dopo il maestro assunse un nuovo lavorante.

Il fatto che ogni amore abbia la sua profonda tragicità non è un buon motivo per non amare più!

Dobbiamo tener libero il nostro amore quanto più ci è possibile, per poterlo donare in qualunque momento. Gli oggetti a cui lo dedichiamo li sopravvalutiamo sempre, e da ciò deriva molto dolore.

Giovane, senti in cuore
pena d'amore e voluttà d'amore.
Ma non credere dato
più cuore a te che a un altro innamorato!

L'amore non bisogna implorarlo e nemmeno esigerlo. L'amore deve avere la forza di attingere la certezza in se stesso. Allora non sarà più trascinato ma trascinerà.

IL CICLONE

Si era alla metà degli anni Novanta, e io prestavo servizio volontario in una piccola fabbrica della mia città natale, che in quello stesso anno abbandonai per sempre. Avevo circa diciotto anni e non avevo idea di quanto fosse bella la mia gioventù, anche se ne godevo ogni giorno e me ne sentivo avvolto come un uccello dall'aria. Alle persone anziane che non si ricordano esattamente delle singole annate, basterà rammentare che nell'anno di cui sto raccontando la nostra regione fu colpita da un ciclone, da un uragano di cui nel nostro paese non si è mai visto l'uguale né prima né poi. Accadde proprio in quell'anno. Due o tre giorni prima io mi ero ferito alla mano sinistra con uno scalpello per acciaio. La mano aveva un buco e si era gonfiata, dovevo portarla fasciata e non potevo andare in officina.

Ricordo che in quella tarda estate la nostra angusta valle era sempre soffocata da un'afa incredibile e che a volte i temporali si susseguivano per giorni e giorni. La natura era colma di un'ardente inquietudine: io però ne ero toccato solo in modo oscuro e inconsapevole, anche se ne rammento ancora certi dettagli. Alla sera, per esempio, quando andavo a pescare, trovavo i pesci stranamente eccitati dall'aria afosa e gravida di tempesta: si affollavano disordinatamente, balzavano spesso fuori dall'acqua tiepida e mordevano l'esca alla cieca. Ora il tempo si era finalmente un poco rinfrescato e calmato, i temporali venivano più di rado e di prima mattina c'era già odore d'autunno.

Una mattina uscii dalla nostra casa e me ne andai a caccia dei miei piaceri, con un libro e un pezzo di pane in tasca. Come solevo fare da bambino, innanzitutto corsi nel giardino, dietro la casa, che era ancora in ombra. Gli abeti che mio padre aveva piantato e che io stesso avevo conosciuti ancor giovani e sottili come stecchi si levavano alti e robusti, sotto di loro c'erano mucchi d'aghi bruniti e da anni vi crescevano solo dei sempreverdi. Ma nei pressi in un'aiola lunga e stretta, fiorivano le piante perenni di mia madre, ricche e splendide e gaie: ogni domenica se ne coglievano grandi mazzi. C'era una pianta a fasci di fiorellini rosso cinabro, si chiamava "amore ardente", e un arbusto delicato lasciava pendere da steli sottili molti fiori rossi e bianchi a forma di cuore che si chiamavano "cuori di donna", e un altro cespuglio era detto "alterigia puzzolente". Vicino a loro si levavano degli astri a stelo lungo che non erano ancora fioriti, e tra loro strisciavano al suolo coi loro morbidi pungiglioni la grassa sempreviva e la buffa portulaca, e questa aiola lunga e stretta era la nostra preferita e il nostro giardino dei sogni, perché radunava tanti fiori strani che ci sembravano più amabili e stupefacenti di tutte le rose delle due aiole rotonde. Quando il sole arrivava fin lì e splendeva sul muro coperto d'edera, ogni pianta perenne aveva la sua peculiare bellezza: i gladioli opulenti si gloriavano dei loro colori vivaci, l'eliotropio si levava grigio e come stregato, immerso nel suo doloroso profumo, la coda di volpe si arrendeva pendula, man mano avvizzendo, ma l'aquilegia si metteva in punta di piedi e faceva rintoccare le sue quadruplici campanelle estive. Intorno alle verghe auree e nell'azzurro phlox sciamavano sonore le api, e sopra l'edera folta piccoli ragni bruni correvano indefessi avanti e indietro; sopra le violacciocche tremavano nell'aria quelle farfalle rapide dal frullo capriccioso, dai corpi grassi e dalle ali vitree che si chiamano sfingidi o macroglosse.

Nel mio benessere festivo andavo da un fiore all'altro, fiutavo qua e là un'ombrella profumata o aprivo con dita prudenti il calice di un fiore per guardarci dentro e contemplare i misteriosi, pallidi abissi, il tacito ordine di vene e stimmate, di fili morbidi e di solchi cristallini. Intanto studiavo il nuvoloso cielo mattutino, in cui regnava un miscuglio stranamente disordinato di striature di vapore e di nuvolette simili a fiocchi lanosi. Mi pareva che ci sarebbe stato un nuovo temporale, e decisi che quel pomeriggio sarei andato a pescare per un paio d'ore. Mi affrettai a capovolgere, nella speranza di trovare dei lombrichi, un paio di pietre di tufo che recingevano il sentiero, ma uscirono solo schiere di grigi, secchi millepiedi che fuggirono sgomenti in tutte le direzioni.

Meditai sul da farsi, e lì per lì non mi venne in mente nulla. Un anno fa, quando avevo avuto le vacanze per l'ultima volta, ero ancora un fanciullo. Le attività che preferivo allora, tirare con un arco di legno di nocciolo, giocare all'aquilone e far saltare con la polvere da sparo le tane di talpa che costellavano i campi, non avevano più il fascino luminoso di allora, come se una parte della mia anima fosse ormai stanca e non rispondesse più alle voci che un tempo le erano care e la rallegravano.

Meravigliato e silenziosamente oppresso mi guardai attorno nel territorio ben noto delle mie gioie infantili. Il piccolo giardino, l'altana adorna di fiori e l'umido cortile senza sole col suo selciato verde di muschio mi guardarono con un volto diverso da prima, e perfino i fiori avevano perduto una parte del loro inesauribile fascino. Semplice e noioso si levava in un angolo del giardino il vecchio barile dell'acqua con le sue tubazioni: un tempo, con gran pena di mio padre, avevo fatto scorrere l'acqua per delle mezze giornate interponendovi delle ruote di mulino, costruendo sul sentiero dighe e canali e organizzando violente inondazioni. Il barile fatiscente era stato per me un fedele compagno di giochi, e mentre lo guardavo palpitò dentro di me un'eco di quella voluttà infantile; solo che aveva un sapore triste, e il barile non era più una fonte, un fiume e un Niagara.

Pensoso scavalcai la staccionata, una campanula azzurra mi sfiorò il viso, la strappai e me la misi in bocca. Ormai avevo deciso di fare una passeggiata e di guardare la città dall'alto della montagna. Andare a passeggio era del resto un'impresa allegra solo a metà: in altri tempi non mi sarebbe mai venuta in mente. Un fanciullo non va a passeggio. Va nel bosco come brigante, come cavaliere o come indiano, va al fiume come marinaio o pescatore o costruttore di mulini, corre nei prati a dar la caccia alle farfalle e alle lucertole. Sicché la mia passeggiata mi pareva l'atto dignitoso e alquanto noioso di un adulto che non sa bene che cosa fare di se stesso.

La mia campanula azzurra fu presto vizza e gettata via, e adesso masticavo un rametto di faggio che avevo strappato: il suo gusto era amaro e aromatico. Accanto al terrapieno della ferrovia, dove si levavano alte le ginestre, una lucertola verde guizzò davanti ai miei piedi: allora la fanciullezza si ridestò in me, e non mi diedi pace e corsi e strisciai e stetti in agguato finché non ebbi tra le mani il timido animaletto caldo di sole. Lo guardai negli occhietti lucidi simili a pietre preziose e con un'eco di antica beatitudine venatoria sentii l'agile, forte corpo e le zampe dure lottare e puntarsi tra le mie dita. Ma ecco, il piacere si era già esaurito, e non sapevo più che fare dell'animale prigioniero. Non significava niente, non mi dava alcuna felicità. Mi chinai e aprii la mano, la lucertola, meravigliata, rimase immobile per un istante mentre i suoi fianchi respiravano con forza e si affrettò a scomparire nell'erba. Un treno passò sulle rotaie lucenti accanto a me, lo seguii con lo sguardo e per un attimo sentii con chiarezza che qui non poteva più fiorire per me alcuna vera gioia, e desiderai fervidamente di andar via con quel treno per il mondo.

Controllai che non ci fosse in giro il casellante, e non vedendo né sentendo nulla traversai in fretta i binari e dall'altra parte mi arrampicai sulle alte rocce di arenaria rossa che mostravano ancora qua e là i buchi anneriti delle esplosioni servite a suo tempo per la costruzione della ferrovia. Il passaggio verso l'alto mi era noto, mi tenevo saldamente alle scope robuste e già sfiorite della ginestra. Tra le rocce rosse spirava un asciutto calore di sole, la sabbia ardente mi scivolava giù per le maniche mentre mi arrampicavo, e guardando in su vedevo sopra la parete verticale, straordinariamente vicino e solido, il caldo cielo luminoso. E all'improvviso fui sopra, potei puntellarmi sull'orlo roccioso, tirar su le ginocchia, afferrarmi a un sottile, spinoso alberello d'acacia e mi trovai su uno sperduto, ripido prato.

Questo scampolo di terra selvaggia sotto cui si vedevano passare i treni in ripido scorcio, un tempo era stato per me un soggiorno prediletto. Oltre alla tenace erba inselvatichita che nessuno poteva falciare, vi crescevano piccoli cespugli di rose dalle tenui spine e un paio di miseri alberelli d'acacia seminati dal vento, attraverso le cui foglie sottili e trasparenti splendeva il sole. Su quest'isola d'erba, delimitata anche verso l'alto da una rossa striscia rocciosa, un tempo avevo vissuto come Robinson; il solitario appezzamento non apparteneva a nessuno, se non a chi aveva il coraggio e lo spirito avventuroso di conquistarselo con un'arrampicata verticale. Qui, dodicenne, avevo scolpito il mio nome nella pietra con lo scalpello, qui avevo letto la *Rosa di Tannenburg* e composto un dramma infantile, che parlava del valoroso capo di una tribù indiana in declino.

L'erba bruciata dal sole pendeva a ciocche pallide e biancastre dal ripido pendio, il fogliame arroventato delle ginestre emanava un odore forte e amaro nella calura senza vento. Mi stesi nel secco deserto, guardai le tenui foglie delle acacie, abbaglianti di sole, disegnare il loro ordine accurato e grazioso contro quel cielo di un profondo azzurro, e pensai. Mi sembrava che fosse giunta l'ora di esaminare la mia vita e il mio futuro.

Ma non riuscii a scoprire niente di nuovo. Vidi soltanto lo strano impoverimento che da ogni parte mi minacciava, l'inquietante impallidire e avvizzire di gioie sperimentate e di pensieri prediletti. Per ciò che controvoglia avevo dovuto abbandonare, per tutta la perduta beatitudine infantile il mio mestiere non era un surrogato, non lo amavo e del resto non gli rimasi fedele a lungo. Per me non era che una strada per uscire nel mondo, dove senza dubbio nuovi appagamenti mi aspettavano. Di che specie potevano mai essere?

Avrei potuto vedere il mondo e guadagnarmi dei soldi, non avrei più avuto bisogno di chiedere il permesso a papà e mamma prima di intraprendere qualcosa, avrei potuto giocare ai birilli e bere birra alla domenica. Ma tutto ciò, lo vedevo bene, erano solo cose secondarie e non il senso della nuova vita che mi attendeva. Il vero senso era situato altrove, più profondo, più bello, più segreto, e aveva a che fare, lo sentivo, con le ragazze e con l'amore. In quella sfera doveva celarsi un profondo piacere e appagamento, altrimenti il sacrificio delle gioie fanciullesche sarebbe stato insensato.

Dell'amore qualcosa sapevo, avevo pur visto qualche coppia d'innamorati e letto poesie d'amore meravigliosamente inebrianti. Io stesso mi ero già innamorato parecchie volte e nei miei sogni avevo percepito una traccia di quella dolcezza che vale per un uomo il rischio della vita e dà senso al suo agire appassionato. Avevo dei compagni di scuola che andavano già con le ragazze, e nell'officina avevo dei compagni di lavoro che raccontavano senza ritegno di balere domenicali e scalate notturne di finestre. Ma l'amore per me era ancora un giardino ermeticamente chiuso davanti alla cui porta attendevo con timido desiderio.

Solo nell'ultima settimana, poco prima dell'incidente con lo scalpello, era giunto fino a me il primo limpido richiamo, e da allora mi trovavo nella condizione inquieta e meditabonda di un partente, da allora la mia solita vita era diventata "il passato" e il senso del futuro mi si era dischiuso. Una sera il nostro secondo apprendista mi aveva preso in disparte e sulla via del ritorno mi aveva raccontato di conoscere una bella morosa pronta per me, una che non aveva ancora avuto nessuno e voleva me e nessun altro, e aveva fatto a maglia per me un portafogli di seta e voleva regalarmelo. Non volle dirmi il suo nome, l'avrei certo indovinato da solo. Quando insistetti e domandai e infine feci lo sdegnoso, lui si fermò – eravamo sul sentiero del mulino, proprio sopra l'acqua – e disse piano: «Sta camminando dietro di noi». Imbarazzato mi voltai, un po' sperando e un po' temendo che fosse solo uno stupido scherzo. Ed ecco, dietro di noi saliva i gradini del ponte una ragazza della filanda di cotone, la Berta Vögtlin, che conoscevo dal tempo del catechismo. Si fermò, mi guardò e sorrise e lentamente si fece rossa, finché tutto il suo viso fu in fiamme. Io corsi avanti in fretta, verso casa.

Da allora mi aveva cercato due volte, una volta nella filanda in cui eravamo entrati per un lavoro e una volta alla sera tornando a casa, però aveva soltanto detto «Salve» e poi: «Già uscito anche tu?». Le sue parole rivelavano il desiderio di attaccare discorso; ma io avevo soltanto annuito e detto di sì e avevo proseguito imbarazzato.

Adesso i miei pensieri si aggiravano intorno a questa storia e non si raccapezzavano. Voler bene a una bella ragazza: ne avevo spesso sognato con profondo desiderio. Adesso ce n'era una, bella e bionda e un po' più grande di me, e voleva che la baciassi e la prendessi fra le braccia. Era alta e forte, era bianca e rossa e bella di viso, sulla sua nuca giocava l'ombrosa increspatura dei capelli, e il suo sguardo era pieno d'aspettativa e d'amore. Ma io non avevo mai pensato a lei, non ero mai stato innamorato di lei, non l'avevo mai inseguita in teneri sogni e non avevo mai sussurrato il suo nome nel mio cuscino, tremando. Se volevo potevo carezzarla e farla mia, ma non potevo venerarla e inginocchiarmi davanti a lei in adorazione. Che sarebbe successo? Che dovevo fare?

Di malumore mi alzai dal mio giaciglio d'erba. Ahimè, era proprio un brutto periodo. Volesse Dio che il mio anno di fabbrica terminasse già domani e che io potessi partire, andarmene lontano da qui e cominciare daccapo dimenticando ogni cosa.

Per tenermi occupato e sentirmi vivo decisi di salire fino in cima alla montagna, anche se da dove mi trovavo era molto faticoso. Lassù si era ben al di sopra della piccola città e si poteva guardare lontano. Corsi con impeto su per il declivio fino alla roccia più alta, mi incuneai tra le pietre e a viva forza raggiunsi l'altura su cui l'inospitale montagna si perdeva in cespugli e ciottolame. Ansante e coperto di sudore arrivai in cima e respirai più liberamente nella fiacca corrente d'aria dell'altura soleggiata. Rose sfiorite pendevano molli dai viticci e inchinavano al mio passaggio pallidi petali stanchi. Ovunque crescevano verdi cespugli di more che solo dalla parte del sole si tingevano debolmente di un bruno metallico. Le vanesse dei cardi volavano tranquille nella calda bonaccia e lanciavano nell'aria lampi colorati, sull'ombrella azzurrognola di un millefoglie erano posati innumerevoli maggiolini a macchie rosse e nere, una bizzarra silenziosa adunanza, e muovevano automaticamente le lunghe zampe gracili. Dal cielo tutte le nuvole erano scomparse da tempo: un puro azzurro lo colmava, ritagliato dalle punte nere degli abeti delle vicine montagne.

Sulla roccia più alta, quella su cui da scolari avevamo sempre acceso i nostri fuochi autunnali, mi fermai e mi voltai. Nel profondo della valle in penombra vidi lampeggiare il fiume e scintillare la chiusa del mulino con le sue bianche spume, e vidi, stretta in quell'angusta profondità, la nostra vecchia città dai tetti bruni su cui tacito e ripido ascendeva nell'aria l'azzurro fumo meridiano delle cucine. Ecco la casa di mio padre e il vecchio ponte, ecco la nostra officina, in cui vidi ardere piccolo e rosso il fuoco della fucina, e più a valle la filanda, sul cui tetto piatto cresceva l'erba e dietro i cui vetri lucidi tra molte altre anche la Berta Vögtlin attendeva al suo lavoro. Oh, quella! Non volevo saper niente di lei.

La città natale mi guardava, ben nota e familiare come sempre, con tutti i suoi giardini, i suoi campi di gioco e i suoi angoli, le cifre dorate dell'orologio della chiesa lampeggiavano maliziosamente al sole e nell'ombroso canale del mulino case ed alberi si rispecchiavano nitidi nella fresca nerezza. Soltanto io ero cambiato, e dipendeva soltanto da me se tra me e questa immagine era calato un velo spettrale di estraniazione. In questa piccola cerchia fatta di mura, fiume e bosco la mia vita non era più racchiusa in soddisfatta sicurezza; certo era ancora legata a questi luoghi da fili molto forti, ma non vi si sentiva più radicata e protetta; anzi, proiettava onde di desiderio contro gli angusti confini del suo recinto, cercando la libertà. Mentre guardavo giù con una singolare tristezza, tutte le mie recondite speranze si levavano solenni nel mio animo, certe parole di mio padre e le parole dei poeti che veneravo insieme ai miei voti segreti: e mi parve una cosa seria e tuttavia deliziosa diventare uomo e tenere consapevolmente in mano il mio destino. E subito questo pensiero penetrò come una luce nei dubbi che mi tormentavano in rapporto alla storia di Berta Vögtlin. Lei era graziosa e mi voleva bene; ma non era affar mio lasciarmi regalare così dalle mani di una ragazza la felicità bell'e fatta e non cercata.

Non mancava più molto al mezzogiorno. La gioia della scalata si era dissolta: meditabondo discesi il sentiero che riconduceva in città, passando sotto il ponticello della ferrovia dove ogni estate, negli anni trascorsi, avevo fatto man bassa degli scuri bruchi pelosi delle pavonie fra le folte ortiche, e fiancheggiando il muro del cimitero, davanti al cui portale un noce muschioso spargeva un'ombra fitta. Il portale era aperto, e dall'interno sentii chioccolare la fontana. Lì accanto si trovava la piazza delle solennità cittadine, dove in occasione della festa di maggio e dell'anniversario di Sedan si mangiava e si beveva, si tenevano discorsi e si ballava. Adesso era silenziosa e dimenticata nell'ombra dei possenti castagni centenari, con vivide macchie di sole sulla sabbia rossiccia.

Quaggiù nella valle, sulla strada soleggiata che fiancheggiava il fiume, ardeva una spietata calura meridiana, qui, dalla parte del fiume, di fronte alle case incendiate dal sole, i radi frassini ed aceri si levavano con un fogliame rarefatto e già ingiallito dalla tarda estate. Com'era mia abitudine, camminai dalla parte dell'acqua per scrutare i pesci. Nel fiume limpido come vetro la folta zostera barbuta scodinzolava con lunghi movimenti ondeggianti, in buche oscure a me ben note un grosso pesce isolato se ne stava qua e là pigro e immobile, il muso girato contro corrente, e più in superficie guizzavano a tratti i giovani leucischi a piccoli sciami scuri. Vidi che avevo fatto bene a non venire a pescare quel mattino, ma l'acqua e l'aria e il modo in cui un vecchio barbo scuro si riposava nell'acqua limpida tra due grandi pietre rotonde mi promisero che nel pomeriggio avrei probabilmente fatto buona pesca. Ne presi nota e proseguii e respirai di sollievo quando lasciai la strada abbagliante per entrare nell'anticamera fresca come una cantina della nostra casa.

«Credo che oggi avremo un nuovo temporale» disse a tavola mio padre, che era molto sensibile al tempo. Obiettai che in cielo non c'era neppure una nuvoletta e non si sentiva neppure una bava di ponente, ma lui sorrise e disse: «Non senti com'è tesa l'aria? Vedremo».

In effetti l'afa era pesante e il canale di scolo emanava un odore forte, come quando comincia il föhn. Sentendo una tardiva stanchezza dopo l'arrampicata e tutta la calura respirata, mi sedetti nella veranda che dava sul giardino. Con fiacca attenzione e spesso interrotto da un lieve assopimento lessi la storia del generale Gordon, l'eroe di Khartoum, e mi convinsi sempre più che sarebbe presto venuto un temporale. Il cielo era ancora di un purissimo azzurro, ma l'aria si faceva sempre più opprimente, come se strati di nubi arroventate velassero il sole che invece splendeva chiaro nell'altitudine. Alle due rientrai in casa e cominciai a preparare i miei attrezzi da pesca. Mentre esaminavo le lenze e gli ami presagivo l'intima eccitazione della caccia e sentivo con gratitudine che almeno questo piacere profondo e appassionato non mi era stato tolto.

Il silenzio stranamente afoso e compresso di quel pomeriggio mi è rimasto indimenticabile. Portai il mio secchio da pesci giù per il fiume fino al ponticello inferiore, già coperto a metà dall'ombra delle alte case. Dalla vicina filanda veniva il regolare ronzio ipnotico delle macchine, simile a un volo d'api, e dal mulino superiore strideva ogni minuto il fischio cattivo e tagliente della sega circolare. Per il resto il silenzio era totale, gli artigiani si erano ritirati nell'ombra delle officine e nel vicolo non c'era un'anima. Sull'isola del mulino un bambinetto nudo guadava tra le pietre umide. Davanti al laboratorio del mastro carraio erano appoggiate al muro alcune tavole di legno non piallato che emanavano al sole un aroma fortissimo; quell'odore asciutto giungeva fino a me e si percepiva nettamente attraverso il profumo denso dell'acqua, che sapeva di pesce.

Anche i pesci avevano notato quel tempo insolito e si comportavano capricciosamente. Un paio di leucischi rossi abboccarono nel primo quarto d'ora, un pesce grande e grosso dalle belle pinne ventrali rosse mi strappò la lenza quando l'avevo già nelle mie mani. Subito dopo gli animali furono presi dall'inquietudine, i leucischi rossi si sprofondarono nella mota e non badarono più all'esca, ma in superficie si resero visibili sciami di giovani pesciolini che a sempre nuove schiere risalivano il fiume come in fuga. Tutto indicava che il tempo stava per cambiare, ma l'aria era immobile come vetro e il cielo non era offuscato.

Pensai che i pesci fossero stati scacciati da un qualche scarico nocivo, e siccome non avevo ancora intenzione di arrendermi, decisi di cambiare posto e mi recai al canale della filanda. Avevo appena trovato un posto accanto ai capannoni e tirato fuori la mia roba quando la Berta apparve a una finestra delle scale della fabbrica, guardò verso di me e mi fece segno. Io però finsi di non vedere e mi chinai sulla mia lenza.

L'acqua fluiva scura nel canale murato, vedevo la mia figura rispecchiarvisi con mobili contorni tremolanti, seduta, la testa tra le piante dei piedi. La ragazza, ancora affacciata alla finestra, gridò il mio nome, ma io fissai l'acqua senza muovermi e non voltai la testa.

Pescare era inutile, anche qui i pesci guizzavano nervosi come avendo degli affari urgenti. Affaticato dall'opprimente calura, rimasi seduto sul muretto senza attendermi più niente da questa giornata, e desiderai che fosse già sera. Dietro di me l'eterno rumore delle macchine ronzava nelle sale della filanda, il canale si strusciava con un lieve fruscio contro gli umidi muri verdi di muschio. Ero colmo di un'assonnata indifferenza e restavo seduto soltanto perché ero troppo pigro per riavvolgere daccapo la mia lenza.

Da questo inerte stato crepuscolare mi destai all'improvviso dopo forse mezz'ora con una sensazione di timore e di profondo malessere. Un vento inquieto girava su se stesso come forzato e controvoglia, l'aria era spessa e sapeva di stantio, un paio di rondini volarono via spaventate sfiorando l'acqua. Avevo il capogiro e pensai che potevo aver preso un colpo di sole, l'acqua parve emanare un odore più forte, e una spiacevole sensazione, come proveniente dallo stomaco, cominciò a salirmi alla testa e a bagnarmi di sudore. Tirai su la lenza per rinfrescarmi le mani sulle gocce d'acqua e cominciai a riporre la mia roba.

Quando mi alzai, sullo spiazzo antistante la filanda vidi turbinare la polvere a nuvolette scherzose, improvvisamente salì alta serrandosi in un'unica nube, mentre nell'aria sconvolta gli uccelli volavano via come frustati, e subito dopo vidi in fondo alla valle l'aria diventare bianca come per una fitta tormenta di neve. Il vento, che si era stranamente rinfrescato, piombò su di me come un nemico, strappò la lenza dall'acqua, mi tolse il berretto e mi colpì in viso come avesse dei pugni.

L'aria bianca che poc'anzi si era levata sopra tetti lontani come una parete di neve mi circondò improvvisamente, fredda e dolorosa, l'acqua del canale schizzò alta come sotto rapidi colpi di mulino, la lenza era perduta e intorno a me infuriava sbuffando e annientando qualcosa di bianco, di selvaggio, di urlante, fui colpito alla testa, alle mani, la terra schizzò alta fino a me, sabbia e pezzi di legno turbinarono nell'aria.

Tutto ciò mi era incomprensibile; intuivo solo che stava succedendo qualcosa di spaventoso e che c'era pericolo. Con un balzo raggiunsi il capannone e fui dentro, cieco di sorpresa e di sgomento. Mi tenni a una trave di ferro e per alcuni secondi storditi rimasi senza fiato in preda al capogiro e a un terrore animale, finché cominciai a comprendere. Un uragano, come non ne avevo mai visti né ritenuti possibili, si era diabolicamente scatenato, a grande altezza risuonava un sibilo angosciato o selvaggio, sul tetto piatto sopra di me e sul terreno davanti all'ingresso precipitava bianca a spessi mucchi una grossa grandine, spessi chicchi di ghiaccio entravano rotolando fino a me. Il rumore della grandine e del vento era spaventoso, il canale schiumava come sferzato e saliva e scendeva lungo i muri in onde irrequiete.

Ora una persona arrivò di corsa dalla fabbrica traversando il cortile coperto di ghiaccio, gli abiti svolazzanti, china contro l'uragano. Lottando e barcollando la figura mi si avvicinò dal bel mezzo di quel diluvio atrocemente sconvolta. Entrò nel capannone, corse verso di me, un calmo viso estraneo-noto dai grandi occhi amorosi si levò con un dolente sorriso a pochi centimetri dal mio sguardo, una tacita calda bocca cercò la mia bocca e mi baciò a lungo con ansante insaziabilità, delle mani cinsero il mio collo, biondi capelli bagnati premettero le mie guance, e, mentre intorno a me la grandinata sconquassava il mondo, una muta, angosciata tempesta d'amore mi sopraffece più profonda e terribile.

Eravamo seduti su una catasta d'assi, senza parole, strettamente abbracciati, timido e stupefatto io carezzavo i capelli di Berta e premevo le labbra sulla sua bocca forte e piena, il suo calore mi avvolgeva con dolorosa dolcezza. Chiusi gli occhi, e lei premette la mia testa sul proprio seno pulsante, nel suo grembo, e carezzò con mani lievi e smarrite il mio viso e i miei capelli.

Quando aprii gli occhi, destandomi da una caduta in una vertiginosa oscurità, il suo viso serio e forte era sopra di me nella sua triste bellezza e i suoi occhi mi guardavano persi. Dalla sua fronte limpida, sotto i capelli arruffati, una sottile striscia di sangue rossochiaro scorreva su tutto il suo viso e si perdeva nel collo.

«Cos'è questo? Che cosa è successo?» esclamai spaventato.

Lei mi guardò più profondamente negli occhi ed ebbe un debole sorriso.

«Credo che sia la fine del mondo» disse piano, e il rintronante fragore dell'uragano inghiottì le sue parole.

«Tu sanguini» dissi.

«È stata la grandine. Lascia perdere! Hai paura?»

«No. Ma tu?»

«Io non ho paura. Senti, adesso crolla tutta la città. Ma tu, senti, tu non mi vuoi bene neanche un poco?»

Io tacqui e guardai affascinato i suoi grandi occhi limpidi, che erano pieni di un amore rattristato, e mentre si chinavano sui miei e mentre la sua bocca posava sulla mia così greve e divorante, continuai a fissarla negli occhi seri, e accanto all'occhio sinistro scorreva sulla pelle bianca e fresca il tenue sangue rossochiaro. E mentre i miei sensi s'inebriavano il mio cuore fuggiva, si rifiutava con disperazione di essere rapito così, nella tempesta e contro il suo volere. Mi tirai dritto, e Berta lesse nel mio sguardo che avevo pietà di lei.

Allora si piegò all'indietro e mi guardò con rabbia, e siccome le tendevo la mano in un moto di rincrescimento e preoccupazione prese la mia mano con le sue, vi reclinò il viso, cadde in ginocchio e cominciò a piangere, e le sue lagrime scorsero calde sulla mia mano palpitante. Io la guardavo con grande disagio, la sua testa posava singhiozzante sulla mia mano, sulla sua nuca scherzava una morbida peluria ombrosa. Se fosse stata un'altra, pensai appassionatamente, una che io davvero amassi e a cui potessi dare la mia anima, come avrei frugato con dita innamorate in quella dolce peluria, come avrei baciato quella nuca bianca! Ma il mio sangue si era calmato, e soffrivo tormenti di vergogna nel vedere inginocchiata ai miei piedi una donna cui non intendevo sacrificare la mia gioventù e il mio orgoglio.

Tutto questo, che vissi come un anno stregato e che ancor oggi porto nella memoria come un lungo periodo di tempo, fatto di cento piccoli gesti e movimenti, in realtà durò solo pochi minuti. Un chiarore comparve inaspettato, pezzi di cielo azzurro sbucarono dalle nubi con accomodante innocenza, e di colpo, come tagliato da una lama di coltello, il fragore della tempesta si afflosciò e fummo circondati da uno stupefacente, incredibile silenzio.

Come da una fantastica grotta del sogni uscii dal capannone del giorno ritornato, meravigliandomi d'essere ancora vivo. Lo squallido cortile aveva un pessimo aspetto, la terra sconquassata e come calpestata dai cavalli, ovunque mucchi di gelidi chicchi di grandine, i miei attrezzi da pesca erano scomparsi e anche il secchio per i pesci non c'era più. La fabbrica era piena di grida umane, da cento vetri sfondati vidi le sale ondeggianti, da tutte le porte scaturivano uomini. Il terreno era coperto di cocci di vetro e di tegole frantumate, una lunga grondaia di latta era stata strappata e pendeva storta e deforme sopra mezza casa.

Ora dimenticai tutto ciò che era appena avvenuto e non sentii più che la selvaggia, ansiosa curiosità di vedere cosa fosse successo e quanti danni l'uragano avesse provocato. Al primo sguardo le finestre sfondate e le tegole cadute della fabbrica avevano un aspetto davvero desolato, ma in fondo tutto questo non era poi così atroce e non stava in un vero rapporto con la terribile impressione che il ciclone mi aveva fatto. Respirai di sollievo, liberato e per metà anche stranamente deluso e disincantato; le case erano in piedi come prima e sui due lati della valle anche le montagne c'erano ancora. No, il mondo non era finito.

Tuttavia, quando uscii dal cortile della fabbrica e valicando il ponte raggiunsi il primo vicolo, il disastro mi apparve di nuovo sotto una luce peggiore. La stradina era piena di cocci e di imposte frantumate, molti comignoli erano crollati portandosi dietro dei pezzi di tetto, davanti a tutte le porte c'era gente costernata e lamentosa, proprio come nei quadri che avevo visto di città assediate e invase, ciottoli e rami sbarravano la strada. Dappertutto buchi di finestre si spalancavano dietro schegge e cocci, steccati di giardini giacevano a terra o penzolavano dai muri scricchiolando. Bambini perduti di vista venivano chiamati e si diceva che alcune persone fossero state uccise dalla grandine nei campi. Si indicavano chicchi di grandine grossi come talleri e anche di più.

Ero ancora troppo eccitato per andare a casa a constatare

i danni subiti dalla mia casa e dal mio giardino; e non pensai che qualcuno potesse sentire la mia mancanza, dato che non m'era successo niente. Decisi di fare una passeggiata all'aperto anziché continuare a inciampare nei cocci, e mi tornò alla mente con tutto il suo fascino il mio luogo prediletto, la vecchia piazza delle feste accanto al cimitero, nella cui ombra avevo celebrato tutte le grandi solennità dei miei anni infantili. Meravigliato ricordai di essere passato di lì solo quattro o cinque ore prima, tornando a casa dalle rocce; mi sembrava che fosse trascorso chissà quanto tempo.

Dunque risalii il vicolo e tornai a valicare il ponte di sotto, lungo il cammino vidi dal buco di una siepe che il nostro campanile di arenaria rossa si drizzava indenne e trovai anche la palestra solo lievemente danneggiata. Più oltre si levava solitaria una vecchia osteria il cui tetto riconobbi da lontano. Era lì come al solito, ma sembrava stranamente mutata, non sapevo perché. Solo quando mi diedi la pena di rammentare con esattezza mi tornò in mente che davanti a quell'osteria c'erano sempre stati due alti pioppi. I pioppi non c'erano più. Una veduta da sempre familiare era stata distrutta, un luogo a me caro era stato violato.

Ebbi allora il cattivo presentimento che anche qualcosa d'altro e di più prezioso fosse andato in rovina. D'un colpo, con un sentimento nuovo e angoscioso, seppi quanto amavo il mio luogo natale, quanto profondamente il mio cuore e il mio benessere dipendevano da questi tetti e da questi campanili, da questi ponti e da questi vicoli, dagli alberi, dai giardini e dai boschi. In preda a una nuova, commossa preoccupazione corsi più in fretta finché raggiunsi la piazza delle feste.

Là mi fermai e vidi il luogo dei miei ricordi più cari indicibilmente desolato, in preda alla più completa distruzione. I vecchi castagni alla cui ombra si erano svolte le nostre feste, i cui tronchi noi scolaretti riuscivamo appena ad abbracciare in tre o quattro, giacevano spezzati, scoppiati, con le radici strappate e capovolte, tanto che nel terreno si spalancavano buchi grandi come case. Neppure uno era ancora al suo posto, la piazza era un terrificante campo di battaglia, e anche i tigli e gli aceri erano caduti, albero accanto ad albero. La vasta piazza era un enorme campo di rovine, fatto di rami, tronchi spaccati in due, radici e blocchi di terra; tronchi possenti erano ancora infitti nel terreno ma senza albero, piegati e contorti, con mille schegge bianche e ignude.

Non era possibile proseguire, piazza e strada erano ingombre fino all'altezza di una casa di tronchi e frammenti d'albero sovrapposti, e là dove fin dai primi anni infantili non avevo conosciuto che una profonda ombra sacra e sublimi templi vegetali, il cielo vuoto ora fissava l'annientamento.

Mi parve che io stesso fossi stato strappato con tutte le mie segrete radici e sputato nel fulgore inesorabile del giorno. Per giorni mi aggirai senza trovare alcun sentiero, alcuna familiare ombra di nocciolo, nessuna delle querce dell'epoca infantile delle arrampicate, ovunque, a largo raggio intorno alla città, solo rovine, buche, boschi franati come erba falciata, cadaveri d'alberi che si lagnavano rivolgendo al sole le radici messe a nudo. Tra me e la mia infanzia si era aperta una voragine, e il mio luogo natale non era più quello di una volta. La sciocca dolcezza degli anni passati mi cadde di dosso e di lì a poco abbandonai la città per diventare uomo, per affrontare quella vita di cui in quei giorni mi avevano sfiorato le prime ombre.

Un tempo credevo che ci fosse un godimento particolare nell'essere amato senza amare a mia volta. Adesso avevo imparato quanto sia penoso un amore che si offre senza poter essere ricambiato. Eppure ero alquanto orgoglioso che una donna estranea mi amasse e mi volesse come suo uomo.

Questa piccola vanità fu sufficiente ad avviare la mia guarigione... Gradatamente mi rendevo conto che la felicità aveva poco a che fare con l'appagamento di desideri esteriori, e che le sofferenze dei giovani innamorati, per quanto fossero dolorose, erano prive di qualunque tragicità.

AMO LE DONNE...

Amo le donne che mill'anni or sono
grandi poeti amarono e cantarono.

Amo quelle città che ormai deserte
stirpi regali d'altri tempi piangono.

Amo quelle città che nasceranno
quando nessuno d'oggi sarà al mondo.

Amo le donne – snelle, affascinanti,
che il grembo del futuro custodisce.

Con la loro bellezza astrale e pallida
somiglieranno a quella dei miei sogni.

QUELLA SERA D'ESTATE

Mi appoggiavo alla finestra aperta e guardavo l'acqua che fluiva incontro alla notte e alla lontananza con moto inarrestabile, con lo stesso moto regolare e monotono e indifferente con cui scorrevano per me quelle vacue giornate, ciascuna delle quali avrebbe potuto e dovuto essere deliziosa e incancellabile mentre tutte svanivano senza valore e senza ricordo.

Così era la mia vita da molte settimane, e non sapevo come e quando sarebbe cambiata. Avevo ventritré anni e come tanti altri passavo la giornata in un ufficio, dove con un lavoro insignificante guadagnavo quel poco che mi bastava per pagare l'affitto di una piccola mansarda e per comprarmi il cibo e il vestiario strettamente indispensabili. Ma le sere, le notti e le prime ore del mattino, come pure le domeniche, le trascorrevo chiuso nella mia stanzetta, leggevo i pochi libri che possedevo, talvolta disegnavo, e rimuginavo su una certa invenzione che avevo creduto già realizzata e che invece era fallita cinque e dieci e venti volte quando ero passato alla sua realizzazione pratica.

In quella bella sera d'estate ero indeciso se recarmi o meno alla serata familiare in giardino a cui il direttore Gelbke mi aveva invitato. Non avevo nessuna voglia di stare con altre persone, di dover parlare e ascoltare e rispondere; ero troppo stanco e indifferente per questo, e per di più sarei stato nuovamente costretto a mentire, a fingere di star bene e di non avere problemi. D'altra parte era gradevole e incoraggiante il pensiero che ci sarebbe stato qualcosa da mangiare e un buon bicchiere, che nel fresco giardino c'erano fiori e cespugli profumati e si percorrevano tranquilli sentieri tra arbusti ornamentali e sotto alberi antichi. Il direttore Gelbke, se prescindevo dai miei due o tre poveri compagni di lavoro, era la mia unica conoscenza in quella città. A suo tempo mio padre aveva reso non so che servizio a lui o forse ancora a suo padre; dietro consiglio di mia madre due anni prima ero andato a fargli visita, e adesso quel gentile signore mi invitava a casa sua di tanto in tanto, senza peraltro espormi a situazioni sociali di cui la mia educazione e il mio guardaroba non sarebbero stati all'altezza.

L'idea di accomodarmi all'aria e al fresco nel giardino del direttore mi fece sembrare completamente intollerabile la mia angusta stanza soffocata, e quindi decisi di andare. Indossai la mia giacca migliore, ripulii il mio colletto duro con la gomma da cancellare, spazzolai pantaloni e stivali e secondo la mia abitudine chiusi la porta a chiave dietro di me, anche se in casa mia i ladri non avrebbero trovato niente da rubare. Un po' stanco, com'ero sempre a quei tempi, discesi il vicolo angusto che già si abbuiava, valicai il ponte ancora animato e percorsi le tranquille strade del quartiere più distinto della città dirigendomi verso la casa del direttore, che abitava quasi fuori città in un bell'edificio semi-campagnolo, modesto e all'antica, affiancato dal giardino cinto da un muro. Come altre volte guardai con ansiosa nostalgia la casa bassa e larga, il portone cinto di rose rampicanti e le comode finestre dall'ampio davanzale, tirai lievemente la campanella e passando accanto alla cameriera entrai nell'anticamera semibuia con l'impacciata eccitazione che regolarmente mi coglieva quando dovevo incontrarmi con degli estranei. Fino all'ultimo istante avevo nutrito una mezza speranza di trovare il signor Gelbke solo con sua moglie o coi suoi figli; ma dal giardino mi raggiunsero voci estranee, sicché attraversai titubante il piccolo atrio verso i sentieri del giardino, illuminati dalla luce incerta di poche lanterne giapponesi.

La padrona di casa mi venne incontro, mi porse la mano e mi condusse lungo gli alti cespugli verso una rotonda su cui, alla luce delle lampade, la compagnia era seduta a due tavoli. Il direttore mi salutò con la solita allegra gentilezza, diversi frequentatori abituali della casa mi rivolsero un cenno del capo, alcuni ospiti si alzarono, sentii pronunciare dei nomi, mormorai un saluto, mi inchinai in direzione di alcune signore che brillavano alla luce delle lampade coi loro abiti chiari e che mi osservarono per un attimo; poi mi fu offerta una sedia e mi ritrovai seduto in fondo a un tavolo, sul lato corto, tra una signorina di una certa età e una giovane, snella ragazza. Le signore stavano sbucciando delle arance, a me invece fu messo davanti del pane imburrato, del prosciutto e un bicchiere di vino. L'anziana mi guardò per qualche tempo e mi chiese poi se non fossi un filologo e se non mi avesse già incontrato da qualche parte. Negai e dissi di essere un commerciante, o meglio un tecnico, e cominciai a darle un'idea del tipo di persona che ero; ma dato che lei guardò subito altrove e non si diede la pena di ascoltarmi, tacqui e cominciai a mangiare quei buoni cibi. Poiché nessuno mi disturbò, dedicai a questa occupazione un buon quarto d'ora, essendo per me una solenne eccezione gustare un pasto serale così ricco e prelibato. Poi bevvi lentamente un bicchiere del buon vino bianco e rimasi seduto senza più nulla da fare, in attesa di quello che sarebbe successo.

Allora la giovane signora alla mia destra, con cui non avevo ancora scambiato una parola, si voltò all'improvviso verso di me e mi offrì con una mano snella e flessibile una mezza arancia sbucciata. Mentre la ringraziavo e accettavo il frutto mi sentii insolitamente lieto e a mio agio, e pensai che difficilmente un estraneo avrebbe potuto avvicinarsi a un'altra persona in un modo più amabile di questo, con un'offerta così semplice e bella. Soltanto allora osservai con attenzione la mia vicina, e ciò che vidi fu una ragazza slanciata, delicata, forse alta come me o ancora più alta, di forme quasi fragili e con un bel viso sottile. Così almeno mi apparve in quell'attimo, perché più tardi potei notare che certamente era slanciata e molto snella di membra, ma forte, agile e sicura. Appena si alzava e si muoveva l'immagine di una delicatezza bisognosa di protezione scompariva, perché nel camminare e nel gestire la ragazza era calma, fiera e autonoma.

Mangiai con devozione la mezza arancia e mi sforzai di dire alla ragazza parole cortesi e di presentarmi a lei come una persona sufficientemente rispettabile. Infatti mi aveva colto l'improvviso sospetto che mi avesse osservato durante il mio muto banchetto e che ora mi considerasse o uno zotico che quando mangia si dimentica dei suoi vicini, o un morto di fame: e quest'ultima sarebbe stata per me l'alternativa più penosa, dato che era disperatamente vicina alla verità. In tal caso però il suo grazioso dono avrebbe perduto il suo semplice significato e sarebbe diventato uno scherzo, forse una presa in giro. Tuttavia il mio sospetto sembrava infondato. Perlomeno la signorina parlava e si muoveva con calma disinvoltura, ascoltava i miei discorsi con cortese simpatia e non aveva affatto l'aria di considerarmi un crapulone senza cultura.

Però la conversazione con lei non mi riusciva facile. A quel tempo, se sopravanzavo di molto la maggior parte dei miei coetanei per quanto riguarda certe esperienze di vita, ero però molto indietro rispetto a loro quanto a istruzione esteriore ed esercizio mondano. Un cortese colloquio con una giovane signora dalle maniere raffinate era per me un'impresa quantomeno arrischiata. Dopo qualche tempo, infatti, mi resi conto che la bella ragazza si era accorta della mia inferiorità e non me la faceva pesare. Il che mi fece salire il sangue alla testa, ma non mi aiutò certo a superare il mio goffo imbarazzo, anzi mi confuse: di modo che, nonostante quell'inizio rassicurante, fui sciaguratamente sopraffatto da uno stato d'animo scoraggiato e indispettito. E quando dopo un poco la signora si rivolse alle conversazioni dell'altro tavolo non feci alcun tentativo di trattenerla, ma rimasi lì seduto, chiuso e cupo, mentre lei chiacchierava animatamente con gli altri. Mi venne offerta una cassetta di sigari; ne presi uno e fumai, muto e infelice, nella sera azzurrina. Poco dopo molti ospiti si alzarono e cominciarono a passeggiare chiacchierando per i sentieri; allora anch'io mi alzai pian piano, andai in disparte e mi misi col mio sigaro dietro un albero, dove non sarei stato disturbato e avrei potuto contemplare da lontano il divertimento degli altri.

A causa della pedanteria di cui purtroppo non sono mai stato capace di liberarmi, ero seccato e mi rimproveravo per il mio atteggiamento sciocamente indispettito; ma non riuscivo a vincermi. Dato che nessuno badava a me e che non sapevo decidermi a rientrare tranquillamente nei ranghi, rimasi forse una mezz'ora nel mio inutile nascondiglio e venni fuori titubante solo quando mi sentii chiamare dal padrone di casa. Fui invitato dal direttore al suo tavolo, diedi risposte evasive alle sue bonarie domande sulla mia vita e il mio lavoro e pian piano mi inserii di nuovo nella cordialità generale. Non mi fu tuttavia risparmiata una piccola punizione per la mia fuga precipitosa. La ragazza snella adesso mi sedeva di fronte, e potendo contemplarla a mio agio la trovavo sempre più attraente; sicché, pentito della mia diserzione, cercai ripetutamente di riattaccare discorso con lei. Ma adesso lei faceva l'orgogliosa e fingeva di non sentire i miei deboli tentativi di rinnovare la conversazione. Una volta mi accorsi del suo sguardo e pensai che sarebbe stato sprezzante o seccato, ma era solo freddo e indifferente.

Di nuovo fui sopraffatto dall'atmosfera di tutti i giorni, grigia e brutta, fatta di miseria, di scetticismo, di vuoto. Vedevo il giardino coi sentieri dolcemente illuminati e le belle masse d'ombra del fogliame, le tavole bianche con lampade, fruttiere, fiori, pere e arance, i signori ben vestiti e le donne e le ragazze con graziose camicette a tinte chiare, vedevo bianche mani femminili giocare coi fiori, percepivo il profumo della frutta e il fumo azzurro dei buoni sigari, udivo persone fini e cortesi conversare con lieta animazione – e tutto questo mi sembrava infinitamente estraneo, come se non mi spettasse e fosse per me irraggiungibile, anzi proibito. Ero un intruso, un ospite proveniente da un mondo inferiore e miserabile, tollerato per cortesia e forse per compassione. Ero un anonimo, povero, piccolo lavoratore che per qualche tempo aveva forse nutrito il sogno di elevarsi a una forma di vita più raffinata e più libera, ma ormai era ricaduto da un pezzo nella vischiosa pesantezza della sua condizione senza speranza.

Così la bella serata estiva e l'allegra compagnia furono ingoiate da uno sconsolato malessere che io per giunta acutizzai torturandomi stupidamente, anziché accontentarmi di godere di un ambiente così piacevole. Alle undici, quando i primi ospiti se ne andarono, anch'io mi congedai brevemente e andai a casa per la via più diretta per mettermi a letto. Da qualche tempo infatti si erano impadronite di me una costante pigrizia e sonnolenza, con cui dovevo spesso lottare durante le ore di lavoro e cui continuamente soggiacevo senza combattere nel tempo libero.

Qualche giorno passò nel solito tran-tran. La consapevolezza di vivere un triste stato d'eccezione era già scomparsa; mi lasciavo vivere ottusamente, con un'indifferenza distratta e passiva, e senza rincrescimento vedevo scomparire alle mie spalle ore e giorni che in ogni loro istante significavano per me un frammento irrecuperabile di gioventù e di vita. Mi muovevo come un automa, mi alzavo per tempo, mi recavo in ufficio, facevo quel po' di lavoro meccanico che mi era richiesto, mi compravo del pane e un uovo per il pranzo, tornavo al lavoro e alla sera mi appoggiavo alla finestra della mia mansarda, dove spesso mi addormentavo. Alla serata nel giardino del direttore non pensavo più. Le giornate scomparivano senza lasciare ricordi, e se talvolta, per esempio di notte in sogno, pensavo ad altri tempi, si trattava di remoti ricordi infantili che mi parevano gli echi di una preesistenza dimenticata e divenuta favolosa.

Infine, in un torrido mezzogiorno, il destino tornò a ricordarsi di me. Un italiano vestito di bianco, con una stridula campanella e un carrettino, tintinnava lungo i vicoli e vendeva del gelato. Ero appena tornato dall'ufficio e cedetti, forse per la prima volta da mesi, a una voglia improvvisa. Dimenticando la mia parsimonia accuratamente regolata, estrassi una moneta dal borsellino e l'italiano mi riempì un piattino di carta con un rossastro gelato di frutta che divorai nella tromba delle scale. Il rinfresco, di un gelo sconvolgente, mi parve delizioso: ricordo che leccai con avidità il piattino umido. In seguito mangiai a casa il mio solito pane, sonnecchiai per un poco in dormiveglia e tornai in ufficio. Lì cominciai a sentirmi male e fui colto ben presto da crudeli dolori di ventre, mi attanagliai al bordo della scrivania e soffrii per un paio d'ore segrete torture, e alla fine del lavoro corsi da un medico. Essendo iscritto a una cassa mutua, fui mandato da un altro medico; questi però era in ferie, sicché dovetti fare dell'altra strada per raggiungere il suo sostituto. Lo trovai a casa; era un signore giovane e gentile che mi trattò quasi come un suo pari. Dopo che gli avevo descritto abbastanza esattamente, rispondendo alle sue domande, la mia condizione e la mia vita quotidiana, mi consigliò di entrare in un ospedale, dove sarei stato meglio assistito che nella mia misera stanza. E poiché non riuscivo a nascondere del tutto i dolori, disse sorridendo: «Lei non era mai stato malato?». In effetti non avevo più avuto malattie dal mio decimo o undicesimo anno. Ma il medico disse quasi con rabbia: «Vivendo in tal modo lei si uccide. Se non fosse così robusto, con questo nutrimento si sarebbe ammalato da un pezzo. Che la malattia le serva di lezione». Naturalmente pensai che un uomo con l'orologio e gli occhiali d'oro faceva presto a parlare così, tuttavia mi resi anche conto che la mia indegna condizione degli ultimi tempi aveva dopotutto delle cause reali e quindi mi sentii in qualche modo moralmente scagionato. Comunque i violenti dolori non mi lasciarono il tempo di riflettere e di rassicurarmi. Presi il certificato del dottore, lo ringraziai e dopo avere avvisato chi di dovere mi presentai all'ospedale, dove tirai il campanello con le ultime forze e dovetti sedermi sulle scale per non stramazzare.

Mi accolsero piuttosto rudemente; tuttavia, rendendosi conto del mio stato miserabile, mi fecero un bagno tiepido e mi misero a letto, dove ben presto la coscienza mi si smarrì in un crepuscolo doloroso e gemente. Per tre giorni ebbi la sensazione di essere sul punto di morire e mi stupii penosamente che ciò avvenisse con tanta fatica, lentezza e sofferenza. Infatti ogni ora mi sembrava infinitamente lunga, e quando i tre giorni furono trascorsi mi parve che fossero passate parecchie settimane. Alla fine trovai qualche ora di sonno, e svegliandomi recuperai il senso del tempo e la coscienza della mia situazione. D'altra parte mi accorsi di essere molto debole, perché ogni gesto mi costava fatica e perfino aprire e chiudere gli occhi mi sembrava un piccolo lavoro. Quando l'infermiera venne a vedermi, le parlai credendo di parlare forte come al solito, mentre lei doveva chinarsi e ugualmente mi capiva a malapena. Allora compresi che non c'era fretta di alzarsi e per un tempo indefinito mi abbandonai senza molto dolore a quell'infantile stato di dipendenza dalle cure altrui. Ci volle ancora parecchio tempo perché le mie forze cominciassero a ridestarsi; infatti il più piccolo boccone di cibo continuava a darmi dolori e disturbi, anche se era soltanto un cucchiaio di minestra per ammalati.

In questo strano periodo non fui, con mio stupore, né triste né irritato. Con sempre maggior lucidità riconoscevo l'ottusa insensatezza del mio scoraggiato lasciarmi vivere degli ultimi mesi. Pensavo con sgomento alla fine che avrei potuto fare e mi rallegravo intensamente della riconquistata consapevolezza. Era come se per lungo tempo fossi stato immerso nel sonno e adesso, finalmente sveglio, rianimassi con nuovo godimento i miei occhi e i miei pensieri. Avvenne allora questo: di tutte le nebulose impressioni ed esperienze di quel periodo fosco e crepuscolare, alcune che credevo quasi dimenticate mi riapparvero con stupefacente vivacità e a colori violenti. Tra queste immagini di cui ora godevo, solo con me stesso in quell'estranea corsia d'ospedale, primeggiava la ragazza snella che era stata seduta accanto a me nel giardino del direttore Gelbke e mi aveva offerto l'arancia. Non sapevo il suo nome, ma nelle ore migliori riuscivo a ricostruirne la figura e il viso sottile con la familiare nitidezza che di solito si ha soltanto per le vecchie conoscenze, insieme al modo di muoversi, alle parole e alla voce; e tutto ciò restituiva un'immagine di delicata bellezza di fronte a cui provavo il caldo senso di benessere che un bambino prova accanto alla madre. Mi pareva di averla già vista e conosciuta in tempi passati, e la sua apparizione piena di grazia si mescolò ben presto, al modo di un'accompagnatrice non sottomessa alle leggi del tempo e incurante delle contraddizioni, a tutti i miei ricordi, perfino a quelli dell'infanzia. Con sempre rinnovato piacere contemplavo questa leggiadra figura divenutami inaspettatamente vicina e cara e accoglievo la sua tacita presenza nel mio mondo interiore con una disinvoltura spensierata e tuttavia non priva di gratitudine; allo stesso modo accettiamo in primavera i fiori di ciliegio e in estate il profumo del fieno, senza stupore o eccitazione ma con intima contentezza.

Questo rapporto ingenuo e disinteressato con la mia bella immagine di sogno durò soltanto finché giacqui completamente indebolito ed escluso dalla vita. Appena riacquistai qualche forza, tollerai un po' di cibo e fui di nuovo capace di girarmi nel letto senza sentirmi subito esausto, l'immagine della ragazza si allontanò da me quasi con pudore e alla primitiva simpatia pura e scevra di passione subentrò un intenso desiderio. Sempre più spesso sentivo il brusco, vivo anelito di pronunciare il nome della snella ragazza, di sussurrarlo teneramente e di cantarlo sottovoce, e il fatto di non conoscere quel nome era per me un'autentica tortura.

ELISABETH

Di primavera il dolce lume
t'irradia fronte e bocca e mani
col fine incanto che conobbi
sui quadri antichi dei Toscani.

Donna di maggio, straordinaria
snella figura, in altra vita
tu fosti già per Botticelli
la dea di fiori rivestita.

Fosti la donna che sconvolse
Dante, tremante al tuo sorriso,
e inconsciamente al tuo bel piede
nota è la via del Paradiso.

Come una bianca nube
nell'alto firmamento
bianca e bella e lontana
Elisabeth ti sento.

La nube va e cammina
nessuno se ne cura
ma attraverso i tuoi sogni
va nella notte oscura.

Va e splende così argentea
che senza tregua ormai
di quella nube candida
dolce rimpianto avrai.

"PIÙ ERA BELLO, PIÙ MI SEMBRAVA ESTRANEO"

Per parlare d'amore – in questo campo sono rimasto sempre fanciullo. L'amore per le donne è sempre stato per me un'adorazione purificatrice, un'alta fiamma divampata dalla mia tristezza, mani in preghiera protese verso cieli azzurri. A causa di mia madre, e anche per una mia sensazione indistinta, veneravo le donne nel loro insieme come un genere estraneo, bello ed enigmatico, che ci è superiore in virtù di un'innata bellezza e unità dell'essere, e che dobbiamo tenere per sacro perché ci è remoto a guisa di stelle e di azzurre montagne e ci sembra più vicino a Dio. E siccome la durezza della vita ha aggiunto a questa mia concezione il suo grano di pepe, l'amore per le donne è stato per me una fonte sia di amarezza che di dolcezza; le donne restavano sul loro piedistallo, ma per me il ruolo solenne del sacerdote adorante si tramutava fin troppo facilmente in quello comico e imbarazzante del buffone schernito.

Incontravo Rösi Girtanner quasi ogni giorno, quando andavo a mangiare. Una fanciulla di diciassette anni, forte e agile di figura. Il volto sottile dalla fresca carnagione bruna emanava la tranquilla, viva bellezza che sua madre a quei tempi ancora possedeva e che prima di lei avevano avuto la nonna e la bisnonna. Da quella famiglia antica, signorile e fortunata era scaturita di generazione in generazione una lunga serie di donne avvenenti, ciascuna tranquilla e fine, ciascuna fresca, nobile e di immacolata bellezza. Esiste, opera di un maestro ignoto, un ritratto di ragazza della famiglia Fugger, dipinto nel sedicesimo secolo: è uno dei quadri più deliziosi che i miei occhi abbiano mai veduto. Le donne della famiglia Girtanner, e dunque anche Rösi, somigliavano a questo ritratto.

D'altronde a quei tempi io non sapevo nulla di tutto ciò. La vedevo soltanto camminare con la sua tranquilla e serena dignità e percepivo la nobiltà del suo animo semplice. Alla sera me ne stavo seduto nel crespuscolo a meditare finché riuscivo a rappresentarmi con vivida chiarezza la sua apparizione, e allora la mia anima di fanciullo era percorsa da un brivido dolce e inquietante. Ben presto però questi momenti di piacere si offuscarono e mi cagionarono amare sofferenze. Improvvisamente mi resi conto che Rösi mi era estranea, non mi conosceva e non domandava di me, e che il mio bel sogno era un furto perpetrato contro la sua beata esistenza. E proprio perché lo sentivo in modo così intenso e torturante, per qualche attimo la sua immagine mi compariva davanti talmente viva e vera e autentica che un'onda calda e oscura inondava il mio cuore e mi faceva uno strano male fino ai battiti più lontani del mio sangue.

Di giorno poteva succedere che quell'onda mi invadesse nel bel mezzo di una lezione o di una zuffa. Allora chiudevo gli occhi, lasciavo cadere le mani e mi sentivo sdrucciolare in un tiepido abisso, finché il richiamo dell'insegnante o il pugno di un compagno mi svegliava. Mi sottraevo, scappavo all'aperto e immerso in una strana fantasticheria mi stupivo del mondo. Improvvisamente vedevo come tutto fosse bello e colorato, come una luce e un respiro scorressero in tutte le cose, come fosse verdechiaro il fiume e rossi i tetti e azzurre le montagne. Ma la bellezza che mi circondava non mi distraeva, anzi la godevo con tranquilla tristezza. Più tutto era bello, più mi sembrava estraneo: io non ne facevo parte, ne stavo fuori. Per questa via i miei pensieri appena abbozzati tornavano a Rösi: se morissi in quest'ora lei non lo saprebbe, non domanderebbe, non ne sarebbe addolorata!

Tuttavia non sentivo l'esigenza di farmi notare da lei. Mi sarebbe piaciuto fare per lei o regalarle qualcosa di inaudito, senza che lei sapesse da chi veniva.

E feci molto per lei. Venne un breve periodo di vacanze e fui mandato a casa. Qui compii ogni sorta di prodezze sempre con l'idea di fare onore a Rösi. Scalai una cima difficile, dalla parte più ripida. Sul lago feci in barchetta dei percorsi esagerati, grandi distanze in breve tempo. Dopo uno di questi percorsi, rientrando bruciato dal sole e affamato, mi venne in mente di restare fino a sera senza cibo né bevanda. Tutto per Rösi Girtanner. Portai il suo nome e il suo panegirico sulle creste più remote e in anfratti mai visitati. [...] Le spalle mi si allargarono, viso e nuca si fecero bruni e ovunque si tesero e si gonfiarono i muscoli.

Nel penultimo giorno di vacanze offrii al mio amore un faticoso sacrificio floreale. Sapevo che su molti attraenti pendii si levavano lungo strette strisce di terra le stelle alpine, ma questo fiore argenteo e malaticcio, senza profumo né colore, mi era sempre sembrato senz'anima e poco bello. Invece conoscevo un paio di cespugli isolati di rododendri, seminati dal vento nel solco di un'ardita parete rocciosa, di tarda fioritura e tanto più attraenti perché difficili da raggiungere. Ebbene, dovevo farcela. E siccome niente è impossibile per la gioventù e per l'amore, giunsi infine alla meta con le mani graffiate e coi crampi alle cosce. [...] Il cuore mi cantava e gridava di gioia quando tagliai cautamente i rami tenaci ed ebbi in mano la preda. Dovetti poi ridiscendere la parete coi fiori in bocca, e Dio solo sa come quel fanciullo temerario raggiunse sano e salvo la base della parete. Su tutta la montagna la fioritura del rododendro era passata da un pezzo, io avevo in mano gli ultimi rami dell'anno, ancora in gemma o appena schiusi.

Il giorno dopo tenni in mano i fiori per tutte le cinque

ore del viaggio. All'inizio il cuore mi batteva forte, correva incontro alla città della bella Rösi; ma in seguito, più l'alta montagna si allontanava, più l'innato amore mi tirava indietro. Mi ricordo così bene di quel viaggio in ferrovia! Il Sennalpstock era da tempo invisibile, adesso anche le dentate Prealpi scomparivano una dopo l'altra; e ognuna si staccava dal mio cuore con un senso di sottile malinconia. Ora tutte le montagne a me familiari erano sprofondate nel nulla e avanzava un largo e piatto paesaggio verdechiaro. Durante il mio primo viaggio non ne ero stato affatto commosso. Ma questa volta si impadronirono di me inquietudine, angoscia e tristezza, come se fossi condannato a inoltrarmi sempre di più in terre sempre più piatte e a perdere irrecuperabilmente il diritto di cittadinanza nella mia patria. Intanto continuavo a vedermi davanti il bel viso sottile della Rösi, talmente fine ed estraneo e freddo e indifferente che l'amarezza e il dolore mi toglievano il respiro. Davanti ai finestrini si succedevano gli allegri, puliti paesi dai campanili snelli e dai timpani bianchi, e persone salivano e scendevano, parlavano, salutavano, ridevano, fumavano e raccontavano barzellette – tutta gente di pianura, disinvolta, franca e cortese –, e io, goffo ragazzotto di montagna, sedevo tra loro muto e triste e represso. Sentivo di non essere più a casa mia. Intuivo che ero stato strappato per sempre alle montagne e che tuttavia non sarei mai diventato come uno della pianura, non sarei mai stato così allegro, così disinvolto, così cortese e sicuro. Uno di loro si sarebbe sempre preso gioco di me, uno di loro un giorno avrebbe sposato la Girtanner, uno di loro mi avrebbe sempre sbarrato la strada e mi avrebbe surclassato.

Mi portai questi pensieri in città. Dopo i primi saluti salii nella mia soffitta, aprii la mia cassa e ne tolsi un grande foglio di carta. Non era della carta più fine, e quando vi ebbi avvolto i miei rododendri ed ebbi legato il pacchetto con uno spago portato appositamente da casa, non aveva davvero l'aria di un dono d'amore. Tutto serio lo portai nella strada in cui abitava l'avvocato Girtanner, e alla prima occasione favorevole entrai nel portone aperto, mi guardai un poco in giro nell'atrio immerso nella penombra della sera e deposi il mio pacco informe sulla larga scalinata signorile.

Nessuno mi vide, e non seppi mai se Rösi avesse visto il mio omaggio. Ma io mi ero arrampicato su una parete di roccia e avevo rischiato la vita per deporre un ramo di rose sulle scale di casa sua, e in questo c'era un che di dolce, di triste-lieto, di poetico che mi faceva bene e che sento ancor oggi.

COSÌ VANNO LE STELLE

Così per la lor via vanno le stelle,
incomprese, immutabili!
Tu, mentre noi ci dibattiamo in vincoli
di luce in luce ascendi.

Tu, la cui vita è tutta di splendore!
E se dalle mie tenebre
devo tendere a te braccia nostalgiche
sorridi e non m'intendi.

LO CAPISCE?

Lei è già stato innamorato, non è vero? Più di una volta, non è vero? Sì, sì. Ma non sa ancora cosa sia l'amore. Non lo sa, le dico. Una volta magari avrà pianto per tutta una notte? E dormito male per un mese intero? Magari avrà scritto delle poesie e una volta o l'altra avrà giocato un pochino con l'idea del suicidio? Sì, lo so com'è. Ma questo non è amore, sa. L'amore è un'altra cosa.

Dieci anni fa ero ancora un uomo rispettabile e appartenevo alla migliore società. Ero un funzionario amministrativo e un ufficiale della riserva, ero benestante e indipendente, avevo un cavallo da sella e un domestico, abitavo in una casa comoda e facevo la bella vita. Palchi a teatro, viaggi d'estate, una piccola collezione d'arte, equitazione e vela, serate da scapolo con Bordeaux bianco e rosso e prime colazioni con spumante e sherry.

A tutta questa roba ero abituato da anni, però sapevo farne a meno facilmente. Dopotutto chi se ne frega del mangiare e del bere, dell'equitazione e dei viaggi, non è vero? Un pochino di filosofia e tutto diventa rinunciabile e ridicolo. Anche la società e il buon nome e il fatto che la gente si tolga il cappello davanti a te in fin dei conti è inessenziale, anche se decisamente piacevole [...]

Morire per una donna amata è cosa rara oggigiorno. Eppure sarebbe la cosa più bella. – Non mi interrompa, lei! Non sto parlando dell'amore a due, del baciarsi e dell'andare a letto insieme e dello sposarsi. Sto parlando di quell'amore che diventa l'unico sentimento di una vita. Questo amore rimane solo anche se, come suol dirsi, viene "corrisposto". In sua presenza tutta la volontà e tutta la forza di una persona tendono appassionatamente a un unico fine e ogni sacrificio diventa voluttà. Questa specie d'amore non vuole essere felice, vuole ardere e soffrire e distruggere, è una fiamma che non può morire prima di aver consumato tutto ciò che le è possibile raggiungere.

Non occorre che lei sappia niente della donna che ho amato. Forse era meravigliosamente bella, forse appena graziosa. Forse un genio, forse tutt'altro. Che cosa importa, buon Dio! Era l'abisso in cui dovevo sprofondare, era la mano di Dio che un giorno era intervenuta nella mia vita insignificante. E da quel giorno questa vita insignificante fu grandiosa e principesca, capisce, a un tratto non fu più la vita di un uomo di rango con una posizione, ma quella di un dio e di un bambino, folle e spensierata, ardente e fiammeggiante.

Da quel giorno tutto ciò che prima era stato importante diventò meschino e noioso. Tralasciavo cose che non avevo mai tralasciato, inventavo astuzie e intraprendevo viaggi solo per veder sorridere quella donna un solo istante. Per lei ero tutto ciò che di momento in momento poteva farle piacere, per lei ero allegro e serio, loquace e silenzioso, corretto e pazzo, ricco e povero. Quando si accorse dello stato in cui ero, mi sottopose a innumerevoli prove. Per me era un piacere servirla; non poteva inventare qualcosa, escogitare un desiderio che io non appagassi come una piccolezza.

Poi si rese conto che l'amavo più di qualunque altro uomo, e vennero tempi tranquilli nei quali mi comprese e accettò il mio amore. Ci vedevamo mille volte, viaggiavamo insieme, facevamo l'impossibile per stare insieme e ingannare il mondo.

Adesso sarei stato felice. Lei mi voleva bene. E per qualche tempo fui anche felice, forse.

Ma il mio destino non era quello di conquistare questa donna. Ora che avevo goduto per qualche tempo di quella felicità e non avevo più bisogno di sacrificare nulla, ora che ottenevo da lei senza fatica un sorriso e un bacio e una notte d'amore, cominciai a diventare irrequieto. Non sapevo che cosa non andasse, avevo raggiunto più di quanto i miei desideri più arditi avessero mai bramato. Ma ero irrequieto. Come ho detto, il mio destino non era quello di conquistare questa donna. Se mi era successo, era solo per caso. Il mio destino era di soffrire d'amore, e quando il possesso dell'amata cominciò a guarire e a mitigare questa sofferenza, fui preso dall'inquietudine. Per qualche tempo le resistetti, poi le cedetti all'improvviso. Abbandonai la donna. Presi un congedo e feci un lungo viaggio. All'epoca il mio patrimonio era già gravemente compromesso, ma che cosa importava? Partii e tornai dopo un anno. Uno strano viaggio! Appena fui partito l'antica fiamma ricominciò a bruciare. Più mi allontanavo e da più tempo ero via, più torturante ridiventava la mia passione, e io stavo a guardare e mi rallegravo e continuavo a viaggiare, senza tregua per un anno intero, finché la fiamma fu diventata insopportabile e mi costrinse a riavvicinarmi all'amata.

Ed ecco, ero tornato e la trovai arrabbiata, amareggiata, offesa. Dopo tutto mi si era data, mi aveva reso felice, e io l'avevo abbandonata! Aveva un altro innamorato, ma io vedevo che non lo amava. Lo aveva accettato per vendicarsi di me.

Non potevo dirle o scriverle che cosa mi avesse spinto lontano da lei e mi avesse fatto tornare a lei. Lo sapevo io forse? Dunque ricominciai a corteggiarla, a battermi per lei. Feci di nuovo lunghe strade, tralasciai molte cose importanti e spesi grosse somme per sentire una sua parola o vederla sorridere. Lei congedò l'innamorato; ma ben presto se ne prese un altro, perché non si fidava più di me. Tuttavia ogni tanto mi vedeva volentieri. A volte, in una tavolata o a teatro, improvvisamente ignorava quelli che la circondavano e guardava verso di me, con una strana interrogativa dolcezza.

Mi aveva sempre considerato molto, molto ricco. Gliel'avevo fatto credere io e tenevo in vita questa sua convinzione solo per poter sempre fare qualcosa per lei, qualcosa che non mi avrebbe permesso di fare se fossi stato povero. Un tempo le avevo fatto dei regali, con questo era finita ormai, e dovevo trovare nuove strade per farle piacere e fare dei sacrifici per lei. Organizzavo concerti in cui dei musicisti che lei stimava eseguivano e cantavano i suoi pezzi preferiti. Compravo dei palchi per poterle offrire il biglietto di una prima. Lei riprese l'abitudine di lasciarmi provvedere a mille cose.

Ero preso in un incessante turbine di faccende, per lei. Il mio patrimonio si era esaurito, ora cominciavano i debiti e le astuzie finanziarie. Vendetti i miei quadri, le mie porcellane antiche, il mio cavallo da sella, e comprai un'automobile che doveva restare a sua disposizione.

Ora cominciavo a vedere la fine davanti a me. Mentre avevo la speranza di riconquistarla vedevo esaurirsi le mie ultime risorse. Ma non volevo smettere. Avevo ancora la mia carica, la mia influenza, la mia posizione rispettabile. A che scopo, se non servivano a lei? Così avvenne che mentii, che sottrassi denaro, che cessai di temere l'ufficiale giudiziario perché avevo da temere qualcosa di peggio. Ma non fu invano. Lei aveva scacciato anche il secondo innamorato, e sapevo che ormai avrebbe preso me o nessun altro.

Mi prese, sì. Cioè: andò in Svizzera e mi permise di seguirla. La mattina dopo avanzai una richiesta di congedo. Invece della risposta ci fu il mio arresto. Falsificazione di documenti, peculato. Non dica niente, non è necessario. Lo so già. Ma lo sa, lei, che anche questo è fiamma e passione e ricompensa d'amore, essere svergognati e puniti e ritrovarsi senza uno straccio addosso? Lo capisce, lei, giovane innamorato?

LA FIAMMA

Che tu vada a ballare in vani fronzoli,
che del cuore ti dolga la ferita,
ogni giorno lo sai, nuovo miracolo,
che brucia in te la fiamma della vita.

Uno vuole che avvampi e cada in cenere,
inebriato d'estatici momenti,
altri, più calmi e provvidi, trasmettono
la loro sorte a figli e discendenti.

Ma solo d'uno i giorni son perduti,
di chi in ottusa oscurità dimora
e sazio delle pene quotidiane
la fiamma della vita sempre ignora.

Che una persona non possa ottenere e avere per sé sola colui che ama è il più frequente dei destini, e dominare tale destino significa: sottrarre a questo oggetto il sovrappiù di passione e di dedizione di cui si è in possesso, grazie al proprio amore e dedicarlo ad altri scopi: il lavoro, l'impegno sociale, l'arte. Questa è la via su cui il vostro amore può diventare fertile e colmarsi di senso. Il fuoco da cui ora lasciate bruciare soltanto il vostro cuore non è solo di vostra proprietà, appartiene al mondo, all'umanità, e da una tortura si trasformerà in una gioia se voi lo renderete fertile.

Felicità non è l'essere amati. Ogni persona ama se stessa, ma amare, questa è felicità.

"QUANDO EBBI SEDICI ANNI"

Quando ebbi sedici anni, con una strana e forse precoce malinconia vidi che le gioie della fanciullezza mi diventavano estranee e andavano perdute. Vedevo il mio fratellino scavare canali nella sabbia, scagliare lance e acchiappare farfalle e gli invidiavo il piacere che provava, della cui intensità appassionata mi ricordavo ancora così bene. A me era sfuggito di mano, non sapevo quando e perché, e al suo posto, dato che non potevo ancora veramente condividere i godimenti degli adulti, erano subentrate insoddisfazione e nostalgia.

Con impetuosa solerzia, ma senza tenacia, mi occupavo ora di storia, ora di scienze naturali, per una settimana mi dedicavo quotidianamente e fino a notte fonda a preparati botanici e per altri quindici giorni non facevo che leggere Goethe. Mi sentivo solo e separato, contro la mia volontà, da tutti i rapporti con la vita, e cercavo istintivamente di colmare con lo studio, il sapere, la conoscenza questo abisso che si era aperto tra la vita e me. Per la prima volta concepivo il nostro giardino come una parte della città e della valle, la valle come una fenditura delle montagne, le montagne come un pezzo chiaramente delimitato della superficie terrestre.

Per la prima volta consideravo le stelle corpi celesti, le forme dei monti necessari prodotti delle forze naturali, e per la prima volta concepivo la storia dei popoli come una parte della storia della Terra. Non sapevo ancora esprimere e dare un nome a questo pensiero, ma esso era dentro di me e viveva.

Insomma, a quel tempo cominciai a pensare. Riconobbi dunque la mia vita come qualcosa di condizionato e limitato, e con ciò si destò in me quel desiderio che il bambino non conosce ancora, il desiderio di fare della mia vita, per quanto possibile, qualcosa di buono e di bello. Probabilmente tutti i giovani vivono all'incirca la stessa esperienza, ma io la racconto come un'esperienza strettamente individuale, giacché di fatto lo era per me.

Insoddisfatto e divorato dal desiderio dell'irraggiungibile, per qualche mese fui attivo e insieme instabile, ardente e insieme bramoso di calore. Frattanto la natura fu più intelligente di me e seppe risolvere il penoso enigma della mia condizione. Un bel giorno mi ritrovai innamorato e di colpo recuperai tutti i rapporti con la vita, più forti e molteplici che mai.

Da allora ho avuto ore e giorni più grandi e deliziosi, ma non più settimane e mesi così caldi, così colmi di un sentimento traboccante. Non voglio raccontarle la storia del mio primo amore, non ha niente di speciale e le circostanze esteriori avrebbero potuto benissimo essere diverse. Ma la vita che vivevo allora vorrei cercare un poco di descriverla, anche se so che non ci riuscirò. La mia frenetica ricerca ebbe fine. Improvvisamente ero al centro del mondo vivente, legato da mille fibre, da mille radici alla Terra e agli uomini. I miei sensi sembravano mutati, più acuti, più vivi. Soprattutto gli occhi. Vedevo diversamente da prima. Vedevo più luce e più colori, come un artista: il semplice guardare mi dava gioia.

Il giardino di mio padre era nel pieno del suo splendore estivo. Cespugli e alberi fioriti drizzavano il folto fogliame dell'estate contro il cielo profondo, l'edera risaliva l'alto muro di sostegno, e al di sopra riposava il monte con le rocce rossastre e l'abetaia blu. E io me ne stavo lì e guardavo ed ero commosso che ogni singola cosa fosse così straordinariamente bella e viva, colorata e raggiante. Alcuni fiori si cullavano così delicatamente sui loro steli e mi guardavano dai calici colorati con una tale commovente tenerezza che li amavo e li godevo come i canti di un poeta. Anche molti rumori a cui prima non avevo mai badato adesso mi colpivano e mi parlavano e mi davano da pensare: il suono del vento negli abeti e nell'erba, il canto dei grilli nei prati, il tuono di lontani temporali, il fruscio del fiume presso la chiusa e le molte voci degli uccelli. Alla sera vedevo e sentivo gli sciami dei moscerini nella tarda luce dorata e tendevo l'orecchio alle rane dello stagno. Mille cose insignificanti a un tratto mi diventavano care e importanti e mi commuovevano come esperienze. Per esempio quando al mattino, per ammazzare il tempo, innaffiavo un paio di aiole del giardino e la terra e le radici bevevano con tanta gratitudine e avidità. Oppure vedevo una farfallina azzurra svolazzare come ebbra nello splendore meridiano. Oppure osservavo schiudersi una giovane rosa. Oppure, alla sera, dalla barchetta lasciavo pendere la mano nell'acqua e sentivo sulle dita il morbido, tiepido moto del fiume.

Mentre la pena di uno smarrito primo amore mi tormentava, mentre mi sconvolgevano un affanno incomprensibile e quotidiane nostalgie e speranze e delusioni, malgrado la malinconia e l'angoscia d'amore ad ogni istante ero felice nel profondo del cuore. Tutto ciò che mi circondava mi era caro e aveva qualcosa da dirmi, non c'era niente di morto, niente di vuoto nel mondo. Non ho mai smarrito del tutto questa sensazione, ma non è stata mai più così forte e costante. E rivivere questo ancora una volta, farlo mio e tenerlo stretto, questa è la mia concezione della felicità.

Vuole sentire altro? Da quel tempo fino a questo giorno in fondo sono stato sempre innamorato. Di tutto quello che ho conosciuto niente mi è mai sembrato nobile e focoso e trascinante come l'amore per le donne. Non sempre ho avuto relazioni con donne o ragazze e non sempre ho consapevolmente amato una determinata donna, ma sempre i miei pensieri si sono in qualche modo occupati d'amore, e la mia venerazione del bello in fondo è stata una costante adorazione delle donne.

Non voglio raccontarle delle storie d'amore. Una volta ho avuto un'amante, per alcuni mesi, e occasionalmente ho afferrato al volo, quasi senza volerlo, un bacio e uno sguardo e una notte d'amore, ma quando ho veramente amato è stato sempre infelicemente. E se ci penso bene, le sofferenze di un amore senza speranza, l'angoscia e l'incertezza e le notti insonni, in fondo sono state molto più belle di tutti i piccoli colpi di fortuna, di tutti i piccoli successi.

CANTO PER L'AMATA NELLA FREDDA PRIMAVERA

L'ore, otto o nove o dieci
nell'atrio freddo battono.
Non conto, ascolto il lieve
fruscio di quando passano.

Volano come il vento nella neve,
come gli uccelli nell'inverno bianchi.
Non mi fanno del bene,
non mi fanno del male,
ma sono ore in cui mi manchi.

RICORDI

In un angolo tranquillo, dove una larga roccia mi proteggeva dalla tempesta, mangiai la mia colazione. Pane nero, salsiccia e formaggio. – Dopo un paio d'ore di marcia in salita sotto un forte vento, il primo morso in un panino imbottito – ecco un piacere, quasi l'unico, che possiede ancora tutta la delizia penetrante, la beatitudine quasi eccessiva delle autentiche gioie fanciullesche.

Domani forse passerò da quel posto, nel faggeto, in cui ricevetti da Julie il primo bacio. Durante una gita dell'associazione civica Konkordia, in cui ero entrato per via di Julie. Il giorno successivo a quella gita ne uscii.

E forse dopodomani, se tutto va bene, rivedrò lei in persona. Ha sposato un commerciante benestante di nome Herschel e sembra che abbia tre figli, uno dei quali, una bambina, le somiglia in modo sorprendente e si chiama Julie anche lei. Di più non so ed è più che abbastanza.

Ma so ancora esattamente che un anno dopo la mia partenza le scrissi dall'estero che non avevo alcuna speranza di trovare un posto e di guadagnare e che non doveva aspettarmi. Mi rispose che non devo rattristarmi e rattristarla inutilmente; al mio ritorno, presto o tardi che fosse, lei ci sarebbe stata. Ma sei mesi più tardi scrisse di nuovo chiedendomi di lasciarla libera, per quello Herschel, e nel dolore e nella collera dei primi momenti io non scrissi una lettera ma le telegrafai coi miei ultimi soldi, quattro o cinque parole impersonali. Quelle parole traversarono il mare: non era più possibile ritirarle.

È così pazzesca la vita! Fosse un caso o una ricompensa del destino, o fosse il coraggio della disperazione – appena la felicità amorosa fu in cocci, il successo il guadagno e il denaro giunsero come per magia, ciò che non avevo mai osato sperare fu mio come per gioco, ma senza valore. Il destino è balordo, pensai, e in due giorni e due notti mi bevvi coi compagni tutto un portafogli pieno di banconote.

Ma non mi dilungai a rivangare queste storie quando, terminato il pasto, gettai al vento la carta oleata ormai vuota e mi avvolsi nel mantello per un breve riposo. Preferii pensare al mio amore di allora e alla figura e al viso di Julie, quel viso sottile con le nobili sopracciglia e i grandi occhi scuri. E preferii pensare a quel giorno nel faggeto in cui lentamente, con riluttanza, Julie mi cedette e poi tremò sotto i miei baci e infine rispose loro e lievemente, come in sogno, sorrise, mentre le lagrime luccicavano ancora sulle sue ciglia.

Cose passate! Ma il meglio non furono i baci, non furono le passeggiate serali fatte di nascosto. Il meglio fu la forza che mi sgorgò da quell'amore, la lieta forza di vivere, di lottare, di gettarmi nel fuoco per lei. Poter dare se stessi in cambio di un attimo, poter sacrificare degli anni per il sorriso di una donna, questa è la felicità. E questa non l'ho perduta.

COME PESANO...

Come pesano queste giornate!
Non c'è fuoco che possa scaldare,
non c'è sole che rida per me,
solo il vuoto c'è,
solo le cose gelide e spietate,
e perfino le care le chiare
stelle mi guardano sconsolate
da quando ho saputo nel cuore
che anche l'amore muore.

AMORE

Il signor Thomas Höpfner, il mio amico, senza dubbio è tra tutte le mie conoscenze colui che ha più esperienza dell'amore. Perlomeno ha avuto molte donne, conosce per lungo esercizio l'arte del corteggiamento e può vantarsi di moltissime conquiste. Quando me le racconta mi sento uno scolaretto. Però a volte, in cuor mio, penso che dell'autentica essenza dell'amore non ne capisca molto più di noialtri. Non credo che nella vita gli sia capitato spesso di passare le notti a vegliare e a piangere per una donna amata. È pur vero che di rado ne ha avuto bisogno, e glielo concedo volentieri, perché nonostante i suoi successi non è un uomo contento. Anzi lo vedo non di rado in preda a una lieve malinconia, e tutto il suo modo di fare ha un che di rassegnato, di quieto, di smorzato che non assomiglia davvero alla sazietà.

D'accordo, queste sono ipotesi, forse abbagli. Con la psicologia si possono scrivere i libri, non scandagliare gli uomini, e del resto io non sono uno psicologo. Comunque a volte mi sembra che il mio amico Thomas sia un virtuoso del gioco dell'amore solo perché non è all'altezza di quell'amore che non è un gioco, e che sia un malinconico proprio perché conosce questa sua lacuna e se ne duole. Solo ipotesi, forse abbagli.

Quello che di recente mi ha raccontato a proposito della signora Förster mi è sembrato strano, benché non si trattasse di una vera e propria esperienza e tantomeno di un'avventura, ma soltanto di un'atmosfera, di un aneddoto lirico.

Ho incontrato Höpfner mentre stava per uscire dalla "Stella azzurra" e l'ho convinto a bere con me una bottiglia di vino. Per costringerlo a offrire una bevanda migliore ho ordinato una bottiglia di comune Mosella, che io stesso di solito non bevo. Di malumore ha richiamato il cameriere.

«Non Mosella, aspetti!»

E ha fatto portare una buona marca. Io sono stato d'accordo, e davanti al buon vino ci siamo messi a chiacchierare. Con cautela ho condotto la conversazione sulla signora Förster. Una bella donna di poco più di trent'anni, che viveva da poco nella nostra città e aveva la fama di avere avuto molti amori.

Il marito era uno zero. Da breve tempo sapevo che il mio amico la frequentava.

«Dunque la Förster,» ha finalmente ceduto «visto che ti interessa tanto. Cosa devo dire? Non c'è stato niente con lei.»

«Proprio niente?»

«Be', se vuoi. Niente che io possa raccontare. Bisognerebbe essere un poeta.»

Io ho riso.

«Di solito non hai molta stima dei poeti.»

«Perché dovrei? I poeti per lo più sono persone che non vivono niente. Guarda, nella mia vita mi sono già successe mille cose che avrebbero meritato di essere trascritte. Ho sempre pensato: peccato che queste cose non capitino mai a un poeta, almeno rimarrebbero. Fate sempre un gran baccano per delle ovvietà, da ogni scemenza tirate fuori una novella – – »

«E la signora Förster? Anche lei una novella?»

«No. Uno schizzo, una poesia. Un'atmosfera, capisci.»

«Ebbene, ti ascolto.»

«Dunque, quella donna mi interessava. Quello che si dice di lei, capisci. Per quanto potevo vedere da lontano, doveva avere un passato notevole. Mi sembrava che avesse amato e conosciuto ogni specie di uomini e non ne avesse sopportato a lungo nessuno. Inoltre è bella.»

«Cosa intendi con bella?»

«Molto semplice, non ha niente di superfluo, niente di troppo. Il suo corpo è addestrato, controllato, al servizio della sua volontà. Niente in esso è indisciplinato, niente vien meno al suo dovere, niente è pigro. Non so immaginare nessuna situazione a cui non saprebbe strappare ogni estrema possibilità di bellezza. Proprio questo mi attraeva, perché per me di solito l'ingenuità è noiosa. Cerco una bellezza consapevole, forme educate, cultura. Be', niente teorie!»

«Meglio di no.»

«Dunque mi sono fatto presentare e sono andato da lei un paio di volte. Al momento non aveva alcun amante, era facile accorgersene. Il marito è una statuetta di porcellana. Ho cominciato ad avvicinarmi. Un paio di sguardi sopra la tavola, una parola sommessa brindando col bicchiere di vino, un baciamano troppo prolungato. Lei accettava tutto e stava a vedere. Allora le ho fatto visita a un'ora in cui doveva essere sola, e lei mi ha fatto entrare.

«Come le sono stato seduto di fronte mi sono subito accorto che i soliti metodi non avevano spazio. Perciò ho giocato a la va o la spacca e le ho detto semplicemente che ero innamorato e mi mettevo a sua disposizione. Ne è seguito press'a poco il seguente dialogo:

«"Parliamo di cose più interessanti."

«"Niente può interessarmi all'infuori di lei, signora. Sono venuto per dirglielo. Se questo la annoia, me ne vado."

«"Va bene, allora cosa vuole da me?"

«"Amore, signora!"

«"Amore! Io la conosco appena e non la amo."

«"Vedrà che non scherzo. Le offro tutto quello che sono e che posso fare, e potrò fare molte cose, se saranno per lei."

«"Sì, lo dicono tutti. Non c'è mai niente di nuovo nelle vostre dichiarazioni d'amore. Cosa vuole mai fare che debba sconvolgermi? Se amasse veramente avrebbe già fatto qualcosa da molto tempo."

«"Che cosa per esempio?"

«"Dovrebbe saperlo lei stesso. Avrebbe potuto digiunare per otto giorni o spararsi, o almeno scrivere delle poesie."

«"Non sono un poeta."

«"Perché no? Chi ama nell'unico modo in cui si dovrebbe amare diventa un poeta e un eroe per un sorriso, per un cenno, per una parola di colei che ama. Se le sue poesie non sono belle, almeno sono ardenti e piene d'amore –"

«"Ha ragione, signora. Io non sono un poeta né un eroe e neanche mi sparo. Oppure, se lo facessi, sarebbe per il dolore di sapere che il mio amore non è forte e ardente come lei ha diritto di pretendere. Ma in luogo di tutto questo ho un solo piccolo vantaggio su quell'amante ideale: io la capisco."

«"Che cosa capisce?"

«"Che il suo desiderio è come il mio. Lei non vuole un amante, ma vorrebbe amare, amare interamente e insensatamente. E non ne è capace."

«"Lei crede?"

«"Sì, lo credo. Lei cerca l'amore come lo cerco io. Non è così?"

«"Forse."

«"Perciò non può farsene niente di me, e io cesserò di importunarla. Ma forse, prima che me ne vada, potrebbe dirmi se una volta, una sola volta ha mai incontrato il vero amore."

«"Una volta, forse. A questo punto posso anche dirglielo. È stato tre anni fa. Per la prima volta ho avuto la sensazione di essere veramente amata."

«"Posso chiederle di continuare?"

«"Come vuole. Un uomo è venuto e mi ha conosciuta e mi ha amata. E siccome ero sposata, non me l'ha detto. E quando ha visto che non amavo mio marito e che avevo un amante, è venuto a propormi di sciogliere il mio matrimonio. Questo non era possibile, e da allora quest'uomo ha cominciato a occuparsi di me, a vegliare su di noi, a mettermi in guardia, ed è diventato il mio buon amico e consigliere. E quando per lui ho congedato il mio amante e mi sono detta pronta ad accettarlo, lui mi ha rifiutata e se ne è andato e non è tornato più. Quell'uomo mi ha amata; nessun altro lo ha fatto."

«"Capisco."

«"Allora adesso se ne va? Ci siamo forse detti anche troppo."

«"Addio. È meglio che io non ritorni."»

Il mio amico ha taciuto; dopo un poco ha chiamato il cameriere, ha pagato il conto e se n'è andato. E dal suo racconto ho appunto dedotto che non è capace di vero amore. Lui stesso l'aveva affermato. E tuttavia non bisogna credere alle persone che parlano dei loro difetti. Certa gente si ritiene perfetta solo perché pretende poco da se stessa. Il mio amico non fa così, e può darsi che proprio il suo ideale di un vero amore l'abbia fatto diventare quello che è. Ma può anche darsi che quell'uomo intelligente mi abbia preso in giro e che il colloquio con la signora Förster non fosse altro che una sua invenzione. Perché lui è segretamente un poeta, anche se finge di averne orrore.

Solo ipotesi, forse abbagli.

Per la ragione e la logica la vita non dà motivo di gioia né di dolore. E tuttavia rischiamo di guastare il valore, la vita e il senso delle nostre "atmosfere", se pretendiamo di subordinarle tutte alla ragione. Lo si vede soprattutto dall'esempio dell'amore. Chi ha mai amato perché spinto dalla ragione o dalla volontà? No, l'amore lo si patisce, ma più lo si patisce con dedizione, più ci rende forti.

SCHERZO

Le mie canzoni stanno
alla tua porta timide
e bussano e s'inchinano:
mi apri?

Le mie canzoni hanno
suono di seta, simile
al fruscio del tuo abito
nell'atrio.

Le mie canzoni danno
quel profumo medesimo
che dà il giacinto amabile
nel patio.

Le mie canzoni hanno
vesti sanguigne, simili
al tuo abito serico
che arde.

Le mie canzoni sanno
somigliare a te splendida.
Sulla porta s'inchinano:
mi apri?

Nel vissuto personale di ogni giorno ciascuno di noi fa la stessa vecchia esperienza: nessuna relazione, nessuna amicizia, nessun sentimento ci rimane fedele ed è credibile se non gli abbiamo offerto il sangue del nostro sangue, amore e comunità di vita, sacrifici e battaglie. Ciascuno sa e sperimenta come sia facile innamorarsi e come sia difficile e bello amare davvero. L'amore, come tutti gli autentici valori, non si lascia comprare. Esiste un piacere venale, ma non un amore venale.

Pensai a tutte quelle immagini di donna davanti a cui m'ero inginocchiato da ragazzo – pronto a donare loro quanto mi era più caro e prezioso pur di potermi accostare al centro della vita, pur di trovare risposta alla voce che dentro di me poneva un'oscura domanda.

Poi cresciamo, diventiamo uomini, ci togliamo la ghirlanda dai capelli e troviamo la nostra pace. Ma che fine fanno quelle donne, quelle ragazze per le quali un tempo percorremmo labirinti di desiderio, che ci donarono l'aurora dell'amore? Che cosa sentono, quando le lasciamo? E che cosa sentono quando, alla fine di una gioventù ricca di sogni sublimi, dicono di sì e concedono la loro mano all'ultimo arrivato? Noi uomini facciamo mille cose, creiamo e ricerchiamo e lavoriamo, abbiamo un ufficio e un mestiere e una quantità di piccole gioie e di piccoli vizi – ma che cos'hanno loro, le donne, che vivono solo d'amore, che possono sperare solo nell'amore? Succede così di rado che quell'ultimo arrivato abbia da dare loro anche soltanto una piccola parte di ciò che i primi, i giovinetti, i timidi e audaci adoratori, avevano loro promesso, cantato, mentito! [...] Pensai a ciò che noi tutti, da ragazzi, da arditi, sfacciati ragazzi, pretendevamo a buon diritto dalla vita. E quanto disperatamente poco se ne sia avverato. Eppure la vita è buona, ed è bella, e ogni giorno ci tocca il cuore con le sue sacre forze. Forse anche alle povere donne succede così con l'amore. Si sentono raccontare di boschi fatati e di giardini illuminati dalla luna e dopo trovano un pezzo di terra nuda dove non rose crescono, ma qualche erba. Loro ne fanno un mazzetto e lo mettono alla finestra, e quando alla sera l'oscurità spegne i colori e da lontano giunge il canto del vento, carezzano il mazzetto e sorridono, ed è come se fossero rose e come se il carnpo là fuori fosse un giardino incantato.

Del resto non c'è niente di più improduttivo del meditare su chi si ama.

TAEDIUM VITAE

Sento la solitudine circondarmi come un lago ghiacciato, sento la vergogna e la follia di questa vita, sento fiammeggiare crudelmente il dolore per la perduta gioventù. Fa male, certo, ma almeno è dolore, almeno è vergogna, almeno è tormento, almeno è vita, pensiero, coscienza...

E invece della risposta, che del resto non mi aspetto, trovo nuove domande. Per esempio: Quanto tempo è passato? Quando sei stato giovane per l'ultima volta?

Rifletto, e il ricordo raggelato comincia lentamente a fluire, si muove, apre occhi incerti e irradia improvvisamente le sue immagini luminose che dormivano, senza esser state perdute, sotto la coltre della morte.

Da principio mi sembra che le immagini siano antichissime, vecchie di almeno dieci anni. Ma l'attutito senso del tempo si fa sempre più vigile, svolge il metro dimenticato, annuisce e misura. Apprendo che tutte quelle cose sono assai più vicine tra loro di quanto credessi, e adesso anche la sopita coscienza dell'identità spalanca gli occhi orgogliosi e annuisce, confermando sfacciatamente le cose più incredibili. Cammina da immagine a immagine e dice: «Sì, questo ero io», e così ogni immagine abbandona il suo stato di fredda e contemplabile bellezza e diventa un pezzo di vita, un pezzo della mia vita. La coscienza dell'identità è una cosa magica, assai lieta a vedersi e tuttavia inquietante. La si ha, eppure si può vivere senza di essa e lo si fa spesso, se non sempre. È magnifica, perché annienta il tempo; ed è malvagia, perché nega il progresso.

Le funzioni rideste lavorano, e constatano che un tempo, una sera, sono stato nel pieno possesso della mia gioventù, e che questo è avvenuto soltanto un anno fa. È stata un'esperienza insignificante, troppo piccola perché possa essere la sua ombra quella in cui vivo da tanto tempo senza luce. Ma è stata un'esperienza, e siccome da settimane, forse da mesi sono completamente privo di esperienze, mi sembra una cosa meravigliosa, mi guarda come se fosse un piccolo paradiso e si dà molta più importanza del necessario. Però mi fa piacere, le sono infinitamente grato. Questa è un'ora buona. Le file di libri, la stanza, la stufa, la pioggia, la camera da letto, la solitudine, tutto si dissolve, si fonde, si scioglie nel nulla. Per un'ora muovo membra liberate.

È stato un anno fa, alla fine di novembre: faceva un tempo simile a quello di adesso, ma era allegro e aveva un senso. Pioveva molto, ma con melodiosa bellezza, e io non stavo mica a sentire dalla scrivania, ma mi aggiravo fuori col cappotto, indossando scarpe di gomma elastiche e silenziose, e contemplavo la città. Come la pioggia, il mio passo e i miei movimenti e il mio respiro non erano meccanici, ma belli, liberi e colmi di significato. Anche i giorni non scomparivano come se fossero nati morti, scorrevano secondo un ritmo, con le arsi e le tesi, e le notti erano ridicolmente brevi e ristoratrici, piccole pause di riposo tra due giornate, misurate solo dagli orologi. È magnifico spendere così le proprie notti, spendere di buon animo un terzo della propria vita, anziché starsene sdraiati a contare minuti, nessuno dei quali ha il benché minimo valore.

La città era Monaco. C'ero andato per sbrigare un affare che avevo poi rifiutato per lettera, perché avevo incontrato tanti amici, visto e sentito tante cose piacevoli che non era il caso di pensare agli affari. Una sera mi sedetti in una bella sala splendidamente illuminata e ascoltai un piccolo francese dalle larghe spalle, il cui nome era Lamond, suonare dei pezzi di Beethoven. La luce ardeva, i begli abiti delle signore scintillavano gioiosi, e attraverso l'alta sala volavano grandi angeli bianchi, annunciavano il giudizio e annunciavano la buona novella, riversavano cornucopie di piacere e piangevano singhiozzando dietro mani trasparenti.

Una mattina attraversai con degli amici il Giardino Inglese, dopo una notte di bisboccia, cantai canzoni e bevvi il caffè da Aumeister. Un pomeriggio fui interamente circondato da dipinti, da ritratti, da prati boschivi e rive marine, molte delle quali erano meravigliosamente sublimate e respiravano l'aura paradisiaca di una nuova, immacolata creazione. Alla sera guardavo lo splendore delle vetrine, che per la gente di campagna è infinitamente bello e pericoloso, guardavo esposizioni di libri e di fotografie, e vasi colmi di fiori stranieri, sigari costosi avvolti in carta d'argento e pellami fini di ridente eleganza. Vedevo le lampade elettriche specchiarsi lampeggiando nelle strade bagnate e le guglie di antichi campanili svanire nel crepuscolo nuvoloso.

Così il tempo passava veloce e leggero, come quando si vuota un bicchiere che dà piacere ad ogni sorso. Era sera, avevo fatto la valigia e dovevo partire l'indomani, senza che mi dispiacesse. Aspettavo con gioia il viaggio in ferrovia tra paesi, boschi e monti già innevati, e il ritorno a casa.

Anche per quella sera ero invitato, in una bella casa nuova di un'elegante strada di Schwabing: tra le vivaci conversazioni e i cibi prelibati mi sentivo a mio agio. Erano presenti anche alcune donne, ma con loro io sono timido e impacciato, sicché preferivo stare con gli uomini. Bevevamo del vino bianco da sottili calici e fumavamo buoni sigari lasciando cadere la cenere in vaschette d'argento dall'interno dorato. Parlavamo a voce alta e sommessa, con fuoco e con ironia, seriamente e spiritosamente, e ci guardavamo negli occhi esprimendo intelligenza e animazione.

Solo sul tardi, quando la serata volse al termine e la conversazione maschile si dedicò alla politica, di cui non m'intendo, guardai le invitate. Erano intrattenute da alcuni giovani pittori e scultori, poveri diavoli e tuttavia vestiti con grande eleganza; sicché nei loro confronti non potevo provare pietà, ma dovevo sentire considerazione e rispetto. Anch'io però fui amabilmente tollerato, anzi, come ospite venuto dalla campagna, incoraggiato in maniera amichevole, sicché deposi la mia timidezza e presi a conversare fraternamente con loro. Intanto gettavo sguardi curiosi sulle giovani signore.

Ora scoprii tra loro una ragazza molto giovane, di forse diciannove anni, coi capelli di un biondo chiarissimo e infantile e un sottile volto di fiaba, dagli occhi azzurri. Portava un abito chiaro guarnito d'azzurro e sedeva sulla sua poltrona attenta e lieta. Mi bastò vederla e subito la sua stella si accese in me: compresi col cuore la sua fine figura e la sua intima, innocente bellezza e sentii la melodia che avvolgeva ogni suo movimento. Una tacita, commossa gioia rese leggero e rapido il battito del mio cuore; avrei voluto rivolgerle la parola, ma non sapevo dir niente di plausibile. Anche lei parlava poco, sorrideva soltanto, annuiva e cantava brevi risposte con una voce sottile e deliziosamente leggera. Sul suo polso tenue ricadeva un polsino di pizzo da cui sbucava, infantile e sensibile, la mano dalle dita delicate. Il piede che dondolava giocosamente era rivestito di un fine stivaletto di pelle bruna e la sua forma e la sua grandezza, come anche quella delle sue mani, stava in un giusto, piacevole rapporto con l'intera figura.

"Oh tu!" pensai guardandola; "tu bambina, tu bell'uccello! Buon per me che ho il privilegio di vederti in questa primavera."

C'erano anche altre donne, alcune più brillanti e colme di promesse nel loro maturo splendore, altre intelligenti, con occhi penetranti, ma nessuna aveva un tale profumo e nessuna era cinta da una musica così soave. Parlavano e ridevano e facevano a gara nel dardeggiare sguardi da occhi d'ogni colore. Anche con me erano scherzose e bonarie, coinvolgendomi nella conversazione e mostrandosi gentili, ma io rispondevo come nel sonno e in spirito restavo presso la bionda, per racchiudere in me la sua immagine e non lasciarmi sfuggire dall'anima il fiore del suo essere.

Si fece tardi senza che me ne accorgessi, e improvvisamente tutti si erano alzati, erano diventati irrequieti, andavano di qua e di là e prendevano congedo. Mi alzai anch'io in fretta e feci lo stesso. Fuori, mentre indossavamo cappotti e mantelli, sentii uno dei pittori dire alla bella: «Posso accompagnarla?». E lei disse: «Sì, ma per lei significa allungare molto la sua strada. Posso anche prendere una vettura».

Allora mi feci rapidamente avanti e dissi: «Lasci che venga io con lei, faccio la stessa strada».

Lei sorrise e disse: «Bene, grazie mille». E il pittore salutò cortesemente, mi guardò meravigliato e se ne andò.

Così discesi la strada notturna accanto alla dolce figura. A un angolo era ferma una carrozza tardiva che ci guardava con le sue lanterne stanche. Lei disse: «Non è meglio che prenda la carrozza? Ci vuole una mezz'ora di cammino». Io però la pregai di non farlo. Allora domandò improvvisamente: «Ma lei come fa a sapere dove abito?».

«Oh, non ha importanza. Del resto non lo so.»

«Ma non ha detto che faceva la stessa strada?»

«Sì che la faccio. Avevo comunque intenzione di passeggiare ancora una mezz'ora.»

Guardammo il cielo, che si era schiarito ed era pieno di stelle; le strade larghe e tranquille erano percorse da un vento fresco e vivace.

All'inizio mi sentivo a disagio, perché non ero assolutamente capace di parlare con lei. Ma lei camminava con libera disinvoltura, respirava con diletto la pura aria notturna e solo di tanto in tanto, quando le veniva in mente, esclamava qualcosa o faceva una domanda a cui io davo puntuale risposta. Così anch'io ridiventai libero e contento, e nel ritmo dei nostri passi nacque una tranquilla conversazione di cui oggi non ricordo più una parola.

Però ricordo il suono della sua voce; era puro, lieve come il canto di un uccello eppure caldo, e la sua risata era tranquilla e sicura. Il suo passo, sincrono al mio, lo trascinava, non ho mai camminato con una tale lieta leggerezza, e la città dormiente coi palazzi, le porte, i giardini e i monumenti ci scorreva accanto quieta e umbratile.

Incontrammo un uomo anziano e malvestito che non si reggeva troppo bene sulle gambe. Voleva evitarci, ma noi non lo tollerammo e gli facemmo spazio spostandoci ognuno dalla sua parte, e lui si voltò lentamente a guardarci. «Ma sì, guarda!» esclamai, e la ragazza bionda rise divertita.

Dagli alti campanili battevano le ore, e i rintocchi volavano limpidi ed esultanti sopra la città nel fresco vento invernale e in lontananza si mischiavano nell'aria in un solo echeggiante ronzio. Una vettura traversava una piazza, gli zoccoli risuonavano secchi sul selciato, ma le ruote non si sentivano, perché avevano cerchioni di gomma.

Accanto a me camminava serena e fresca la bella e giovane figura, la musica del suo essere cingeva anche me, il mio cuore batteva allo stesso ritmo del suo, i miei occhi vedevano tutto ciò che vedevano i suoi occhi. Lei non mi conosceva e io non sapevo il suo nome, ma entrambi eravamo giovani e spensierati, eravamo compagni come due stelle e come due nuvole, due che fanno la stessa strada, respirano la stessa aria e senza parole si sentono perfettamente bene. Il mio cuore era di nuovo diciannovenne e intatto.

Mi sembrava che dovessimo continuare a camminare senza meta, instancabili. Mi sembrava che stessimo camminando fianco a fianco da un tempo infinito e che una fine non potesse esserci mai. Il tempo era spento, anche se gli orologi battevano le ore.

Ma lei inaspettatamente si fermò, sorrise, mi diede la mano e scomparve in un portone.

[...] Il giorno successivo alla bella passeggiata serale con la ragazza sconosciuta ero partito per tornare a casa. Adesso ero seduto nel vagone quasi da solo e mi rallegravo del buon treno espresso e delle Alpi lontane che per qualche tempo furono visibili in limpido splendore. A Kempten mangiai una salsiccia al buffet e chiacchierai col conduttore, che mi vendette un sigaro. Più tardi il tempo si infoschì e vidi il lago di Costanza giacere grigio e grande come un mare nella nebbia, sotto un leggero nevischio.

A casa, nella stessa stanza in cui sono seduto anche ora, feci un buon fuoco nella stufa e mi dedicai con zelo al mio lavoro. Arrivarono lettere e pacchi di libri che mi diedero da fare, e una volta alla settimana scendevo nella piccola città, facevo qualche acquisto, bevevo un bicchiere di vino e facevo una partita al biliardo.

Ma a poco a poco mi accorsi che la lieta vivacità e la soddisfatta gioia di vivere con cui poc'anzi avevo girato per Monaco stavano cominciando a declinare e a sfuggire da una piccola, stupida fessura, tanto che lentamente mi ritrovai in una condizione meno luminosa e trasognata. Da principio supposi di star covando un piccolo malanno, perciò andai in città e presi un bagno di vapore che non mi servì a nulla. Del resto mi resi conto ben presto che il mio male non era nelle ossa e nel sangue. Ora infatti, contro la mia volontà o almeno senza volerlo, a tutte le ore del giorno pensavo a Monaco con una sorta di caparbio desiderio, come se in quella gradevole città avessi perduto qualcosa di essenziale. E a poco a poco questo qualcosa di essenziale prese forma davanti alla mia coscienza, assumendo l'amabile, snella figura della bionda diciannovenne. Mi accorsi che la sua immagine e quella camminata serale al suo fianco, così insolitamente gioiosa, non erano diventate dentro di me un tacito ricordo, ma una parte di me stesso, che ora cominciava a dolere e a soffrire.

Pian piano veniva la primavera, e il mio problema era diventato maturo e bruciante e non si lasciava più reprimere in alcun modo. Ora sapevo che, prima di pensare a qualsiasi altra cosa, dovevo rivedere la dolce ragazza. Se tutto andava bene non dovevo paventare il pensiero di dire addio alla mia vita tranquilla e di guidare il mio innocuo destino nel mezzo della corrente. Anche se finora avevo avuto l'intenzione di percorrere la mia strada da solo, come uno spettatore non coinvolto, sembrava ormai che un bisogno più serio avesse deciso altrimenti.

Pertanto riflettei coscienziosamente a tutto il necessario e conclusi che di sicuro avevo la possibilità e il diritto di chiedere la mano di una ragazza, se me ne fosse capitata l'occasione. Avevo poco più di trent'anni, ero sano e di buon carattere, e possedevo un patrimonio sufficiente a far sì che una donna non troppo viziata potesse affidarsi a me senza preoccupazioni. Verso la fine di marzo tornai quindi a Monaco, e stavolta ebbi molte cose a cui pensare durante il lungo viaggio in ferrovia. Mi proposi di approfondire per prima cosa la conoscenza della ragazza, dopodiché, ritenevo, non era del tutto impossibile che il mio bisogno di lei si dimostrasse meno violento e più superabile. Forse, pensavo, il semplice fatto di rivederla avrebbe appagato la mia nostalgia, e il mio equilibrio si sarebbe allora ripristinato da solo.

Naturalmente la mia era la sciocca supposizione di un inesperto. Ricordo benissimo il piacere e l'astuzia con cui tessevo questi pensieri durante il viaggio, mentre in cuor mio ero già esultante di sapermi vicino a Monaco e alla bionda.

Non appena calcai quel selciato familiare, fui preso da un benessere di cui per settimane avevo sentito la mancanza. Non era privo di languore e di un'occulta inquietudine, ma comunque non mi ero sentito così bene da molto tempo. Di nuovo tutto ciò che vedevo mi faceva piacere e aveva uno strano splendore, le strade note, i campanili, la gente sul tram col suo dialetto, i grandi edifici e i taciti monumenti. Davo un soldo di mancia ad ogni bigliettaio, mi lasciavo indurre da una bella vetrina a comprarmi un ombrello elegante, anche in un negozio di sigari mi concedevo qualcosa di più fine di quanto consentissero la mia condizione e il mio patrimonio, e nella fresca aria di marzo mi sentivo davvero intraprendente.

Dopo due giorni mi ero già informato con discrezione sul conto della ragazza e non avevo saputo cose molto diverse da quelle che press'a poco mi aspettavo. Era un'orfana di buona famiglia, ma povera, e frequentava una scuola di arti applicate. Era una lontana parente di quel mio conoscente della Leopoldstrasse in casa del quale l'avevo vista la prima volta.

E lì la rividi. Era una serata per amici, quasi tutte le facce di allora ricomparvero, alcuni mi riconobbero e mi diedero la mano con cordialità. Io però ero a disagio e molto inquieto, finché tra altri invitati finalmente apparve anche lei. Allora diventai tranquillo e contento, e quando lei mi riconobbe, mi rivolse un cenno e subito mi ricordò quella serata invernale, ritrovai l'antica fiducia e riuscii a parlarle e a guardarla negli occhi come se da allora il tempo non fosse passato e come se intorno a noi soffiasse ancora quel vento di una notte d'inverno. Tuttavia non avevamo molto da dirci, lei mi chiese soltanto come mi fossero andate le cose e se avessi vissuto in campagna per tutto quel tempo. Quando questo fu detto tacque per qualche istante, poi mi guardò sorridendo e si rivolse ai suoi amici, mentre io potevo ormai contemplarla a mio piacimento da qualche distanza. Mi sembrava un po' cambiata, ma non sapevo come e sotto quale aspetto; soltanto in seguito, quando se ne fu andata e io sentii combattersi dentro di me le sue due immagini e potei confrontarle, scoprii che era pettinata in modo diverso e che le sue guance si erano un poco riempite. La contemplai in silenzio, e provai la stessa sensazione di gioia e di meraviglia pensando che esisteva qualcosa di così bello e di così intensamente giovane, e che mi era consentito incontrare questa umana primavera e guardarla negli occhi luminosi.

Durante la cena e poi bevendo la Mosella fui coinvolto nei discorsi degli uomini, e anche se si parlava di cose diverse mi sembrava che la conversazione fosse il seguito di quella dell'altra volta, e intuivo con una certa soddisfazione che questi cittadini vivaci e viziati, nonostante le meraviglie e le novità che li circondavano, erano come chiusi in un cerchio che imprigionava il loro spirito e la loro vita, un cerchio che anche lì, nonostante la varietà e i cambiamenti, era inesorabile e relativamente stretto. Sebbene tra loro mi sentissi a mio agio, avvertivo che in fondo la mia lunga assenza non mi aveva privato di nulla e non potevo reprimere del tutto la fantasia che tutti quei signori fossero rimasti seduti lì fin da allora e stessero continuando quegli stessi discorsi. Questo pensiero era naturalmente ingiusto e dipendeva solo dal fatto che la mia attenzione e la mia partecipazione si allontanavano spesso dalla conversazione.

Appena potei mi trasferii nell'altra stanza, dove chiacchieravano le signore e i giovani. Non mi sfuggì che i giovani artisti erano molto attratti dalla bellezza della signorina e la trattavano taluni cameratescamente, taluni con rispetto. Soltanto uno, un ritrattista di nome Zündel, si manteneva freddo e restava vicino alle donne più mature, guardando noi entusiasti con bonario disprezzo. Parlava con noncuranza, più ascoltando che aprendo bocca, con una bella donna dagli occhi scuri di cui sapevo che aveva fama di essere molto pericolosa e di avere avuto o avere ancora in corso molte avventure amorose.

Ma tutto questo lo percepivo solo incidentalmente, con sensi dimezzati. La ragazza mi coinvolgeva interamente senza che partecipassi alla conversazione generale. Sentivo che viveva e si muoveva come prigioniera di una dolce musica, e il mite, intimo fascino del suo essere mi circondava denso e forte e soave come il profumo di un fiore. Questo mi faceva bene, e tuttavia intuivo senz'ombra di dubbio che la sua vista non poteva appagarmi e saziarmi e che la mia vita, se fossi stato nuovamente separato da lei, sarebbe diventata ancora più tormentosa. Mi sembrava che nella sua leggiadra persona mi apparissero la mia felicità e la fiorente primavera della mia vita perché le afferrassi e me ne impadronissi, dato che altrimenti non sarebbero tornate mai più. Il mio non era un desiderio del sangue, quel bisogno di baci e di una notte d'amore che a volte una bella donna aveva suscitato in me per qualche ora accendendomi e tormentandomi. Era semmai una lieta fiducia, la certezza che in questa dolce figura mi si offrisse la felicità, che la sua anima fosse affine e amica alla mia anima e che la mia felicità dovesse essere anche la sua.

Perciò decisi che le sarei rimasto accanto e che al momento giusto le avrei fatto la mia domanda.

Ormai bisogna raccontare, avanti dunque!...

Al successivo incontro riuscii a intrattenerla un po' meglio, chiacchierammo confidenzialmente e venni a sapere molte cose della sua vita. Mi permise anche di accompagnarla a casa, e mi sentii come in sogno quando camminai di nuovo con lei nelle stesse strade tranquille. Le dissi che avevo spesso ripensato a quel ritorno a casa e avevo desiderato di poterlo ripetere. Lei rise divertita e mi fece qualche domanda. E alla fine, dato che ormai mi stavo confessando, la guardai e dissi: «È soltanto per lei che sono venuto a Monaco, signorina Maria».

Subito ebbi paura di essere stato troppo audace e mi sentii a disagio. Ma lei non disse nulla e si limitò a guardarmi, tranquilla e un po' incuriosita. Dopo qualche tempo disse: «Giovedì prossimo un mio compagno di studi dà una festa nel suo atelier. Vuol venire anche lei? – Allora passi a prendermi qui alle otto».

Eravamo davanti al suo portone. Ringraziai e presi congedo.

Dunque Maria mi aveva invitato a una festa. Fui preso da una grande esultanza. Senza ripromettermi granché da questa festa, trovavo una strana dolcezza nel pensiero di essere stato invitato da lei e di doverle qualcosa. Riflettei al modo di ringraziarla e decisi che giovedì le avrei portato un bel mazzo di fiori.

Nei tre giorni in cui dovetti ancora attendere non ritrovai l'umore sereno e soddisfatto degli ultimi tempi. Dacché le avevo detto di essere venuto per lei avevo perduto la mia disinvoltura e la mia pace. In fondo era stata una specie di confessione, e ormai ero costretto a pensare che lei conosceva il mio stato e forse rifletteva alla risposta da darmi. Trascorsi questi giorni facendo delle gite fuori città, nei grandi parchi di Nymphenburg e di Schleissheim o nei boschi della valle dell'Isar.

Quando fu giovedì e giunse la sera, mi vestii, comprai nel negozio un grande mazzo di rose rosse e con una vettura di piazza mi recai da Maria. Lei scese subito, io l'aiutai a salire in carrozza e le diedi i fiori, ma lei era eccitata e confusa: me ne accorsi benissimo nonostante il mio imbarazzo. Comunque la lasciai in pace, e mi piacque vederla eccitata e in preda a una febbre gioiosa prima di una festa, come una bambina. Traversando la città nella vettura pubblica a poco a poco fui preso anch'io da una grande gioia; mi sembrava infatti che così facendo Maria dichiarasse, seppure solo per un'ora, di avere una specie di amicizia e d'intesa con me. Per me era un onore speciale averla per quella sera sotto la mia protezione e in mia compagnia, dato che non le sarebbero certo mancati altri amici disponibili.

La carrozza si fermò davanti a una grande e nuda casa d'affitto, di cui dovemmo traversare l'atrio e il cortile. Nel retro della casa salimmo scale infinite, finché nel corridoio dell'ultimo piano ci investì un'ondata di luce e di voci. Deponemmo i cappotti in una stanzetta in cui un letto di ferro e un paio di casse erano già coperti di mantelli e cappelli ed entrammo nell'atelier vivamente illuminato e pieno di gente. Tre o quattro li conoscevo di sfuggita, ma gli altri, compreso il padrone di casa, erano per me degli estranei.

Maria mi presentò a quest'ultimo dicendo: «Un mio amico. Potevo portarlo, vero?».

Questo mi sgomentò un poco, perché credevo che gli avesse detto di me. Ma il pittore mi diede la mano senza problemi e disse imperturbabile: «Va benissimo».

Nell'atelier l'atmosfera era assai libera e animata. Ciascuno si sedeva dove trovava posto, e si stava seduti fianco a fianco senza conoscersi. Ciascuno poi si serviva a suo piacimento dei cibi freddi disposti qua e là e di vino o birra, e mentre alcuni stavano appena arrivando o mangiavano la loro cena, altri avevano già acceso i sigari, il cui fumo tuttavia per il momento si perdeva agevolmente nella stanza molto alta.

Poiché nessuno si curava di noi, procurai a Maria e anche a me stesso un po' di cibo, che consumammo indisturbati su un basso tavolo da disegno insieme a un uomo allegro dalla barba rossa che nessuno di noi due conosceva, ma che ci incoraggiava vivacemente a gesti. Ogni tanto qualcuno dei ritardatari rimasti privi di un tavolo afferrava un panino al prosciutto sopra le nostre spalle, e quando le provviste furono finite molti si lamentarono di avere ancora fame, e due degli ospiti uscirono a comprare qualcosa dopo aver fatto una colletta tra i compagni.

Il padrone di casa osservava imperturbabile quest'allegria rumorosa, mangiava un panino all'impiedi e con questo e con un bicchiere di vino in mano andava avanti e indietro chiacchierando con gli ospiti. Io non ero certo scandalizzato da tanta disinvoltura, ma in segreto soffrivo di vedere che Maria si sentiva palesemente a suo agio in questo ambiente. Sapevo bene che i giovani artisti erano suoi colleghi e in parte persone assolutamente rispettabili, e non avevo alcun diritto di desiderare qualcosa di diverso. Tuttavia provavo un certo dolore e quasi una piccola delusione vedendola accettare con soddisfazione quella compagnia non proprio raffinata. Ben presto rimasi solo, perché dopo il breve pasto Maria si alzò per salutare i suoi amici. Ai primi due mi presentò e cercò di coinvolgermi nella loro conversazione, ma io non mi dimostrai all'altezza. Poi si unì ad altri conoscenti, ora questi ora quelli, e siccome non sembrava sentire la mia mancanza mi ritirai in un angolo, mi appoggiai alla parete e osservai in pace l'allegra compagnia. Non mi ero aspettato che Maria mi restasse vicina per tutta la sera; mi accontentavo di vederla, di chiacchierare con lei di tanto in tanto e di riaccompagnarla a casa alla fine. Tuttavia a poco a poco fui preso da un senso di malessere, e più allegri diventavano gli altri più inutile ed estraneo me ne stavo nel mio angolo, solo di rado fugacemente interpellato da qualcuno.

Tra gli ospiti notai anche il ritrattista di nome Zündel e la bella donna dagli occhi scuri che mi era stata dipinta come pericolosa e malfamata. Sembrava che in quella cerchia tutti la conoscessero; i più la osservavano con una certa sorridente familiarità, ma anche, a causa della sua bellezza, con esplicita ammirazione. Anche Zündel era un bell'uomo, alto e forte, con vividi occhi neri e l'atteggiamento sicuro, orgoglioso e superiore di un uomo viziato e certo del proprio fascino. Lo osservai con attenzione, dato che per natura nutro uno strano interesse, in cui si mescolano un certo divertimento e un po' d'invidia, per questo genere di uomini. Stava cercando di prendere in giro il padrone di casa per via delle manchevolezze del servizio.

«Non hai neanche sedie abbastanza» gli diceva in tono sprezzante. Ma il padrone di casa non si scomponeva. Alzava le spalle e diceva: «Basta che mi metta anch'io a fare i ritratti e la mia casa diventerà distintissima». Allora Zündel criticava i bicchieri: «Come si fa a bere il vino in questi bicchieracci. Non te l'hanno mai detto che per il vino ci vogliono i calici?». E il padrone di casa rispondeva impavido: «Forse tu t'intendi di bicchieri, ma di vino non ne capisci niente. Io preferisco sempre un buon vino a un buon bicchiere».

La bella donna ascoltava sorridendo e il suo viso sembrava stranamente soddisfatto e beato, non certo per merito di queste battute. Ben presto vidi che sotto il tavolo aveva la mano profondamente infilata nella manica sinistra del pittore, mentre il piede di lui giocava col suo con indolente leggerezza. Zündel sembrava più cortese che tenero, ma lei gli si aggrappava con uno sgradevole fervore, e la sua vista mi divenne presto intollerabile.

D'altronde anche Zündel si liberò dalla sua stretta e si alzò. Adesso l'atelier era pieno di fumo, anche le donne e le ragazze fumavano sigarette. Risate e discorsi altisonanti si mescolavano, tutti andavano avanti e indietro, si sedevano su seggiole, casse, sul portacarbone, sul pavimento. Qualcuno suonava un ottavino, e nel bel mezzo del frastuono un adolescente un po' brillo lesse una poesia seria a un gruppo che si torceva dal ridere.

Io osservavo Zündel che andava avanti e indietro con passo misurato e restava perfettamente calmo e sobrio. Nel frattempo continuavo a guardare verso Maria, che era seduta su un divano con altre due ragazze e chiacchierava con alcuni giovanotti in piedi davanti a loro con dei bicchieri di vino in mano. Più la festa durava e si animava, più un senso di tristezza e di oppressione si impadroniva di me. Mi sembrava di essere capitato con la mia bimba di fiaba in un luogo impuro, e cominciai ad aspettare che mi facesse segno e desiderasse andarsene.

Adesso il pittore Zündel era in disparte e si era acceso un sigaro. Osservava i volti e guardava attentamente anche verso il divano. Allora Maria alzò lo sguardo, lo vidi benissimo, e per qualche istante lo fissò negli occhi. Zündel sorrise, ma lei continuò ansiosamente a fissarlo, e poi vidi che lui strizzava un occhio e alzava la testa interrogativamente e che lei faceva un lieve cenno di assenso.

Allora il mio cuore si fece pesante e buio. Certo non sapevo niente, poteva essere uno scherzo, un caso, un gesto involontario. Ma questo pensiero non mi consolava. Avevo pur visto che c'era un'intesa tra quelle due persone che per tutta la sera non avevano scambiato una parola e si erano tenute lontane l'una dall'altra quasi ostentatamente.

In quel momento la mia felicità e la mia puerile speranza crollarono; non ne rimase il minimo sentore, il minimo riflesso. Non rimase neppure una tristezza pura e sincera – questa l'avrei sopportata volentieri – ma solo vergogna e delusione, un gusto ripugnante, la nausea. Se avessi visto Maria con un fidanzato o un innamorato felice, l'avrei invidiato e sarei stato contento. Ma si trattava di un seduttore, di un donnaiolo il cui piede, solo mezz'ora prima, aveva giocato con quello della donna dagli occhi scuri.

Tuttavia mi feci forza. Potevo sempre essermi ingannato, e dovevo dare a Maria la possibilità di confutare il mio malevolo sospetto.

Andai da lei e con occhi cupi guardai il suo caro viso primaverile. E domandai: «Si fa tardi, signorina Maria, non posso accompagnarla a casa?».

Ahimè, per la prima volta la vidi impacciata, falsa. Il suo viso perdette l'aura celestiale che sottilmente l'aveva cinto e anche la sua voce emise un suono simulato e insincero. Rise e disse forte: «Oh, mi scusi, non ci avevo proprio pensato. Viene qualcuno a prendermi. Lei vuole già andare?».

Dissi: «Sì, voglio andare. Addio, signorina Maria».

Non mi congedai da nessuno e non fui trattenuto da nessuno. Scesi lentamente le molte scale, traversai il cortile e l'edificio anteriore. Fuori mi interrogai sul da farsi, poi tornai indietro e mi nascosi in cortile dietro una carrozza vuota. Attesi a lungo, quasi un'ora. Poi arrivò Zündel, gettò via un mozzicone di sigaro e si abbottonò il cappotto, uscì dal portone ma ben presto tornò e si fermò all'ingresso.

Passarono cinque, dieci minuti, e per tutto il tempo ebbi voglia di venire fuori, di apostrofarlo, di dargli del cane e di pigliarlo per la gola. Ma non lo feci, rimasi immobile nel mio nascondiglio e aspettai. E non passò molto tempo che sentii degli altri passi sulle scale, e la porta si aprì, e Maria venne fuori, si guardò attorno, andò verso l'uscita e infilò silenziosamente il suo braccio sotto quello del pittore. Rapidamente se ne andarono... Qualcosa si è perduto, qualcosa che un tempo era al mondo, un certo profumo, un fascino innocente, e non so se potrà ritornare.

CANZONE D'AMORE

Per dire cos'hai fatto
di me, non ho parole.
Cerco solo la notte
fuggo davanti al sole.

La notte mi par d'oro
più di ogni sole al mondo,
sogno allora una bella
donna dal capo biondo.

Sogno le dolci cose
che il tuo sguardo annunciava
remoto paradiso
di canti risuonava.

Guardo a lungo la notte
e una nube veloce –
per dire cos'hai fatto
di me, non ho la voce.

IRIS

Una fiaba
Nella primavera della sua infanzia Anselmo correva per il verde giardino. Uno dei fiori di sua madre si chiamava gladiolo e gli era particolarmente caro. Il bimbo appoggiava la guancia alle sue alte foglie di un tenero verde, tastava e premeva con le dita le loro punte taglienti, respirando inalava il profumo del grande fiore meraviglioso e guardava a lungo nel suo calice. Lunghe file di gialle dita sorgevano dal suo fondo pallidamente azzurro, e tra una fila e l'altra un sentiero luminoso correva verso il profondo del calice e nel remoto, azzurro mistero del fiore. Il bimbo lo amava molto, e guardava a lungo dentro di esso, e vedeva nelle sottili membra gialle ora una siepe d'oro nel giardino del re, ora un doppio corridoio di begli alberi di sogno immobile in un'aria senza vento, e tra loro correva, chiaro e marezzato di vive vene delicate come vetro, il sentiero misterioso che conduceva nell'interno. La volta si estendeva immensa, discendendo il sentiero si perdeva tra gli alberi d'oro nell'infinita profondità di abissi inconcepibili, la volta violetta si incurvava regalmente sopra di esso e pennellava d'ombre magicamente tenui il miracolo in tacita attesa. Anselmo sapeva che quella era la bocca del fiore, che dietro le splendide piante gialle, nell'abisso azzurro, dimoravano il suo cuore e i suoi pensieri, e che lungo il bel sentiero luminoso percorso da vene di vetro entravano e uscivano il suo respiro e i suoi sogni.

E accanto al grande fiore se ne levavano di più piccoli, di non ancora sbocciati, si levavano su robusti steli gonfi di linfa in un piccolo calice dalla pelle verdebruna donde il giovane fiore emergeva con tacita forza: era strettamente avvolto in un verde e lilla luminoso, ma in alto sbucava con una punta sottile, delicatamente arrotolato, il giovane e profondo color viola. Anche su questi giovani petali strettamente arrotolati si scorgevano venature e molteplici disegni.

Al mattino, quando usciva di casa dopo essere tornato dal sonno e dal sogno e da mondi ignoti, il giardino era lì e lo aspettava, sempre uguale e sempre nuovo, e dove ieri la dura punta azzurra di un calice spuntava strettamente arrotolata dal suo guscio verde, oggi un giovane petalo pendeva sottile e azzurro come l'aria, simile a una lingua e simile a un labbro, e cercava a tastoni la forma a volta della quale per tanto tempo aveva sognato, e laggiù in fondo, dov'era ancora impegnato in una lotta silenziosa col suo involucro, già s'intuivano fini pianticelle gialle, una strada dalle luminose venature e il remoto, profumato abisso di un'anima. Forse già a mezzogiorno, forse a sera era tutto aperto, inarcava un'azzurra tenda serica sul fantastico bosco dorato, e dal magico abisso alitava i suoi primi sogni, pensieri e canti.

Venne un giorno in cui l'erba si riempì di campanule azzurre. Venne un giorno in cui improvvisamente ci fu nel giardino un nuovo suono e un nuovo profumo, e sopra il fogliame rossiccio che il sole illuminava in trasparenza pendeva morbida la prima rosa tea di un oro rosso. Venne un giorno in cui non ci furono più gladioli. Se ne erano andati, nessun sentiero cintato d'oro conduceva più con delicatezza nei profumati misteri, estranee si levavano appuntite e fredde le foglie rigide. Ma nei cespugli erano mature delle bacche rosse, e sopra gli astri volavano nuove, inaudite farfalle libere e giocose, farfalle rossobrune col dorso di madreperla e ronzanti sfingidi dalle ali vitree.

Anselmo parlava con le farfalle e i sassolini, aveva come amici il maggiolino e la lucertola, gli uccelli gli raccontavano storie di uccelli, le felci gli mostravano in segreto il bruno seme raccolto, sotto il tetto delle foglie gigantesche, cocci di vetro verde e cristallino catturavano per lui un raggio di sole e diventavano palazzi, giardini o scintillanti camere dei tesori. Se i gigli non c'erano più fiorivano i nasturzi, se le rose erano avvizzite le more si scurivano, tutto si sovrapponeva, c'era sempre e non c'era mai, scompariva e tornava per qualche tempo, e anche i giorni trepidi e strani in cui il vento ululava freddo nell'abete e in tutto il giardino di fogliame vizzo frusciava stinto e morto, anche quei giorni portavano con sé un canto, un'esperienza, una storia, finché tutto si afflosciava di nuovo, la neve cadeva davanti alle finestre e sui vetri crescevano boschi di palme, angeli con campanelle d'argento volavano nella sera e l'atrio e il solaio profumavano di frutta secca. In questo mondo buono amicizia e fiducia non si spegnevano mai, e quando inaspettatamente i bucaneve splendevano accanto al fogliame nero dell'edera e i primi uccelli volavano in nuove altitudini azzurre, era come se ci fossero stati sempre. Finché un giorno, mai attesa eppure esattamente come doveva essere e sempre ugualmente desiderata, una prima punta azzurrina sbucava di nuovo dagli steli dei gladioli.

Tutto era bello, tutto era benvenuto, amico e familiare per Anselmo, ma ogni anno il grande momento della magia e della grazia era per il fanciullo il primo gladiolo. Un giorno lontano, nel suo più antico sogno infantile, aveva letto per la prima volta nel suo calice come nel libro dei miracoli, e il suo profumo e il suo aleggiante variegato azzurro erano stati per lui l'appello e la chiave della creazione. Così il gladiolo percorse con lui tutti gli anni della sua innocenza, facendosi ad ogni estate più nuovo, più misterioso, più commovente. Anche altri fiori avevano una bocca, anche altri fiori emanavano un profumo e dei pensieri, anche altri fiori allettavano api e maggiolini nelle loro camerette soavi. Ma il giglio azzurro era più caro al fanciullo e più importante per lui di ogni altro fiore, giacché gli serviva da simbolo e da esempio di tutto il meraviglioso, di tutto ciò su cui valesse la pena di meditare. Quando guardava nel suo calice e assorto seguiva coi suoi pensieri quel sentiero luminoso e trasognato tra gli straordinari cespugli d'oro, verso il cuore appena intuibile del fiore, la sua anima guardava in quella porta in cui il fenomeno si fa enigma e la vista presentimento. A volte sognava anche di notte quel calice, lo vedeva enorme e aperto davanti a sé come il portone di un palazzo celeste, vi entrava a cavallo o volando sul dorso di un cigno, e con lui il mondo intero volava e galoppava e sdrucciolava piano, attirato da una magia, nel meraviglioso abisso dove ogni attesa si sarebbe adempiuta e ogni presentimento si sarebbe trasformato in verità.

Ogni fenomeno terrestre è un simbolo, e ogni simbolo è una porta aperta attraverso cui l'anima, se è pronta, può entrare nel cuore del mondo, dove il tu e l'io e il giorno e la notte sono una cosa sola. Ogni uomo si imbatte di tanto in tanto nella sua vita in questa porta aperta, ognuno una volta o l'altra concepisce il pensiero che tutto il visibile sia un simbolo e che dietro il simbolo dimorino lo spirito e la vita eterna. Ma solo pochi passano la porta e rinunciano alla bella apparenza in cambio dell'intuita verità interiore.

Così il calice del suo fiore sembrava al fanciullo Anselmo l'aperta, tacita domanda a cui la sua anima tendeva nella sorgiva intuizione di una risposta beata. Poi l'amabile molteplicità delle cose tornava a distrarlo, a coinvolgerlo in colloqui e giochi con l'erba e i sassi, con le radici, i cespugli, gli animali e tutte le cose gentili del suo mondo. Spesso si calava profondamente nella contemplazione di se stesso, se ne stava seduto abbandonandosi alla straordinarietà della propria vita, nell'inghiottire, cantare, respirare percepiva ad occhi chiusi strani movimenti, sensazioni e rappresentazioni nella bocca e nella gola, intuiva anche lì il sentiero e la porta che conducono l'anima alle altre anime. Con stupore osservava le significative figure colorate che ad occhi chiusi spesso gli apparivano da una purpurea oscurità, macchie e semicerchi azzurri e di un rosso profondo intersecati da linee luminose come vetro. A volte Anselmo percepiva con una lieta e sgomenta commozione le sottili, molteplici connessioni tra l'occhio e l'orecchio, tra l'odorato e il tatto, per begli attimi fugaci sentiva che i suoni, i rumori, le lettere dell'alfabeto erano affini e uguali al rosso e all'azzurro, al duro e al molle, oppure, annusando un'erba o una verde corteccia staccata dal tronco, si meravigliava della strana prossimità con cui il gusto e l'odorato erano tra loro uniti e spesso trapassavano l'uno nell'altro e diventavano una cosa sola.

Tutti i bambini hanno di queste sensazioni, anche se non tutti con la stessa intensità e delicatezza, e per molti tutto questo è già svanito e come mai esistito ancor prima che abbiano imparato a leggere le prime lettere dell'alfabeto. Ad altri il mistero dell'infanzia resta vicino a lungo, e un resto, un'eco di questo mistero li accompagna fino ai capelli bianchi e ai tardi giorni della stanchezza. Tutti i bambini, finché sono ancora immersi nel mistero, sono costantemente impegnati a decifrare con l'anima l'unica cosa importante, se stessi e l'enigmatica connessione tra la loro persona e il mondo che li circonda. I filosofi e i saggi tornano a queste occupazioni, con gli anni della maturità, ma la maggior parte degli uomini dimentica presto e abbandona per sempre questo mondo interiore costituito da ciò che è davvero importante; per tutta la vita costoro si aggirano nei labirinti multicolori di preoccupazioni, desideri e scopi nessuno dei quali dimora nella loro sfera più intima, nessuno dei quali li riconduce nel loro intimo e a casa.

L'estate e l'autunno dell'infanzia di Anselmo vennero dolcemente e se ne andarono sommessi, per molte volte ancora fiorirono e sfiorirono il bucaneve, la violetta, la violaciocca, il giglio, la pervinca e la rosa, belli e ricchi come sempre. Il fanciullo viveva con loro, fiori e uccelli gli parlavano, albero e sorgente lo ascoltavano, e le prime lettere dell'alfabeto e le prime pene d'amicizia lo accompagnavano anch'esse quando correva nel giardino, ai fiori di sua madre, ai sassi colorati intorno all'aiola.

Ma una volta venne una primavera che non aveva il suono e il profumo delle precedenti, il merlo cantava e non era la vecchia canzone, l'iris azzurro fioriva, ma non c'erano sogni e figure di fiaba a percorrere il sentiero bordato d'oro del suo calice. Le fragole ridevano nascoste nella loro ombra verde, e le farfalle svolazzavano lucenti sopra le alte ombrelle dei fiori, e niente era più come prima, e il fanciullo si interessava di altre cose, e con la madre aveva molti conflitti. Non sapeva neanche lui che cosa fosse, come mai qualcosa gli dolesse e lo infastidisse di continuo. Vedeva soltanto che il mondo era cambiato, che le amicizie di prima lo abbandonavano e lo lasciavano solo.

Così passò un anno, e ne passò un altro, e Anselmo non era più un bambino, e i sassi colorati intorno all'aiola erano noiosi, e i fiori muti, e i maggiolini li teneva in una cassetta infilati sugli spilli, e la sua anima aveva preso un'altra strada lunga e dura e le antiche gioie erano esaurite e disseccate.

Impetuosamente il giovane si gettò nella vita che gli sembrava cominciare soltanto adesso. Svanito e dimenticato era il mondo dei simboli, nuovi desideri e nuove strade lo inducevano ad allontanarsene. L'infanzia impregnava ancora come un profumo lo sguardo azzurro e i capelli morbidi, ma non gli piaceva che glielo ricordassero, e si tagliò i capelli e mise nel suo sguardo tutto l'ardire e il sapere di cui era capace. Di gran carriera e capricciosamente traversò gli anni della trepida attesa, ora buon allievo e buon amico, ora solitario e schivo, talora scatenato e rumoroso nelle sue prime bisbocce di adolescente. Aveva dovuto lasciare la sua patria e la rivedeva solo di rado in brevi visite, quando, mutato, cresciuto ed elegantemente vestito, veniva a casa a trovare sua madre. Portava con sé degli amici, portava con sé dei libri, sempre diversi; e quando attraversava il vecchio giardino, il giardino era piccolo e taceva sotto il suo sguardo distratto. Non leggeva più storie nelle venature multicolori dei sassi e dei petali, non vedeva più Dio e l'eternità abitare il mistero floreale dell'iris azzurro.

Anselmo tornò come scolaro, come studente universitario, tornò in patria con un berretto rosso, in seguito con uno giallo, con un po' di peluria sul labbro e con una giovane barba. Portò con sé libri in lingue straniere, e una volta un cane, e in una cartelletta di pelle che teneva sul petto custodiva ora poesie segrete, ora trascrizioni di antiche saggezze, ora ritratti e lettere di belle ragazze. Tornò ed era stato in paesi stranieri e aveva abitato in grandi navi sul mare. Tornò ed era un giovane studioso, portava un cappello nero e guanti scuri, e i vecchi vicini di casa si toglievano il cappello davanti a lui e lo chiamavano professore, benché non lo fosse ancora. Tornò vestito di nero e camminò, slanciato e serio, dietro la lenta carrozza su cui giaceva in una bara adorna la sua vecchia madre. E dopo tornò solo di rado.

Nella grande città dove ormai insegnava agli studenti e passava per un celebre erudito, Anselmo camminava, passeggiava, stava seduto e all'impiedi esattamente come tante altre persone al mondo, con una giacca e un cappello eleganti, serio o cordiale, con occhi attenti e talora un po' stanchi, ed era un signore e uno studioso proprio come aveva voluto. Adesso si sentiva come si era sentito alla fine della sua infanzia. Improvvisamente percepiva che molti anni erano ormai alle sue spalle e si ritrovava stranamente solo e insoddisfatto nel mondo che aveva voluto conquistare. Non era una vera felicità fare il professore, non era un grande piacere essere salutato dai concittadini e dagli studenti con profondi inchini. Tutto era come vizzo e impolverato, e la felicità era di nuovo situata in un lontano futuro, e la via che vi conduceva sembrava torrida e polverosa e banale.

In questo periodo Anselmo frequentava spesso la casa di un amico la cui sorella lo attraeva. Ormai non gli capitava facilmente di correr dietro a un bel visino; anche in questo era mutato, e sentiva che la felicità doveva raggiungerlo per vie insolite e non poteva celarsi dietro ogni finestra. La sorella del suo amico gli piaceva molto; Anselmo era spesso convinto di amarla davvero. Ma era una ragazza fuori dal comune, ogni suo passo e ogni sua parola avevano un colore e un'impronta particolare, e non era sempre facile camminare al suo fianco e tenere il passo con lei. Certe sere, passeggiando avanti e indietro nel proprio appartamento solitario e ascoltando pensosamente i propri passi risuonare nelle stanze vuote, Anselmo discuteva molto con se stesso a causa della sua amica. Era più anziana della moglie che avrebbe desiderato. Era diversa dalle altre, e sarebbe stato un problema viverle accanto soddisfacendo la propria ambizione di studioso, perché lei non tollerava le ambizioni. Inoltre non aveva molta salute e sopportava a fatica specialmente le serate e le feste. Preferiva vivere in solitaria quiete con fiori e musica e forse un libro, aspettava che qualcuno venisse a trovarla e lasciava che il mondo andasse per la sua strada. Talvolta era così delicata e sensibile che ogni cosa estranea le faceva male e facilmente le strappava le lacrime. Ma ben presto era di nuovo raggiante di una silenziosa, delicata e solitaria felicità, e vedendola si sentiva come fosse difficile dare qualcosa a questa bella e strana donna e significare qualcosa per lei. Spesso Anselmo credeva che lo amasse e spesso gli sembrava che non amasse nessuno, fosse soltanto tenera e gentile con tutti e non desiderasse dal mondo che di essere lasciata in pace. Ma lui voleva altre cose dalla vita, e se mai avesse avuto una moglie la loro casa avrebbe dovuto essere piena di vita e di suoni e di ospiti.

«Iris,» le disse «cara Iris, se il mondo funzionasse diversamente! Se non ci fosse che un mondo bello e soave di fiori, di pensieri e di musica, il mio unico desiderio sarebbe quello di starti accanto per tutta la mia vita, di ascoltare le tue storie e di vivere i tuoi pensieri. Già il tuo nome mi fa un effetto benefico, Iris è un nome meraviglioso, non so che cosa mi ricorda.»

«Sai bene» disse lei «che i gladioli azzurri si chiamano così.»

«Sì,» esclamò lui con un senso di angoscia «lo so bene e già questo è molto bello. Ma tutte le volte che pronuncio il tuo nome mi sembra che voglia anche rammentarmi qualcosa, non so che cosa, come se per me fosse legato a ricordi molto profondi, remoti, importanti, eppure non so e non riesco a trovare che cosa sia.»

Iris gli sorrise mentre, smarrito, si strofinava la fronte con la mano.

«A me succede lo stesso» disse ad Anselmo con la sua voce lieve come quella di un uccello «tutte le volte che sento il profumo di un fiore. Ogni volta il cuore mi dice che a quel profumo è legato il ricordo di qualcosa di immensamente bello e prezioso, di qualcosa che tanto tempo fa era mio e che ho perduto. Anche con la musica è così, e a volte con le poesie – a un tratto lampeggia qualcosa, per un attimo, come se uno vedesse improvvisamente sotto di sé, in fondo alla valle, una patria perduta, e subito svanisce e viene dimenticata. Caro Anselmo, io credo che noi siamo sulla terra a questo scopo, per meditare e cercare e tendere l'orecchio a lontani suoni perduti, dietro i quali si trova la nostra vera patria.»

«Come lo dici bene» la lusingò Anselmo, e sentì nel petto un moto quasi doloroso, come se una bussola segreta indicasse irresistibilmente la sua meta lontana. Ma questa meta era completamente diversa da quella che egli voleva dare alla sua vita, e questo gli faceva male, e d'altra parte era forse degno di lui sprecare la sua vita inseguendo nei sogni una bella fiaba?

Intanto venne un giorno in cui il signor Anselmo, ritornando da un viaggio solitario, ricevette un'accoglienza così fredda e opprimente dal suo nudo appartamento di studioso che si precipitò dai suoi amici con l'intenzione di chiedere la mano della bella Iris.

«Iris,» le disse «non voglio più vivere così. Sei sempre stata la mia buona amica e devo dirti tutto. Devo avere una moglie, altrimenti la vita mi sembra vuota e senza senso. E chi dovrei desiderare in moglie se non te, caro fiore? Vuoi, Iris? Avrai fiori quanti se ne possono trovare, avrai il più bello dei giardini. Vuoi venire da me?»

Iris lo guardò a lungo e tranquillamente negli occhi, non sorrise e non arrossì, e gli rispose con voce ferma:

«Anselmo, la tua domanda non mi stupisce. Io ti voglio bene, anche se non ho mai pensato di diventare tua moglie. Ma vedi, amico mio, io pretendo molto da colui che devo sposare. Pretendo di più della maggior parte delle donne. Tu mi hai offerto dei fiori e la tua intenzione era buona. Ma io posso vivere anche senza fiori, e anche senza musica, potrei rinunciare a tutto questo e a molto altro ancora, se fosse necessario. Ma a una cosa non posso e non vorrò mai rinunciare: non potrò mai vivere neanche per un giorno senza che la musica che ho nel cuore sia per me l'essenziale. Se devo vivere con un uomo, bisogna che la sua musica interiore si accordi sottilmente con la mia, e bisogna che lui abbia un unico desiderio: che la sua musica sia pura e che si intrecci bene con la mia. Tu, amico mio, ne saresti capace? Probabilmente non potresti accrescere la tua celebrità e conquistare altri onori, la tua casa sarebbe silenziosa, e le rughe che da parecchi anni vedo sulla tua fronte dovrebbero essere tutte cancellate. Ahimè, Anselmo, non sarà possibile. Vedi, tu sei fatto così: tu devi farti segnare la fronte da sempre nuove rughe e caricarti di sempre nuove preoccupazioni, e quello che io penso e sono tu lo ami, certo, e lo trovi bello, ma per te come per i più è soltanto un delizioso giocattolo. Oh, ascoltami bene: tutto quello che per te è un giocattolo, per me è la vita stessa e dovrebbe esserlo anche per te, e tutto quello a cui tu dedichi fatiche e preoccupazioni, per me è un giocattolo e non merita che si viva per esso. – Io non cambierò più, Anselmo, perché vivo secondo una legge che ho dentro. Ma tu sapresti cambiare? E dovresti cambiare completamente perché io possa diventare tua moglie.»

Anselmo tacque, colpito da una volontà che aveva creduto debole e giocosa. Tacque e schiacciò sbadatamente nella mano eccitata un fiore che aveva preso dal tavolo.

Allora Iris gli tolse dolcemente di mano il fiore – lui ne fu colpito al cuore come da un duro rimprovero – e a un tratto gli rivolse un sorriso luminoso e dolce, come se avesse insperatamente trovato una via d'uscita dall'oscurità.

«Ho un'idea» mormorò arrossendo. «La troverai bizzarra, ti sembrerà un capriccio. Ma non è un capriccio. Vuoi sentirla? E vuoi accettare che decida di te e di me?»

Senza comprenderla, Anselmo guardò la sua amica, pallido d'ansia. Il sorriso di lei lo convinse ad avere fiducia e ad assentire.

«Vorrei darti un compito» disse Iris ridiventando rapidamente seria.

«Fallo, è tuo diritto» si arrese l'amico.

«Dico sul serio,» continuò lei «ed è la mia ultima parola. Vuoi accettarla così come mi viene dall'anima senza discuterla e contrattarla, anche se dapprima non la capirai?»

Anselmo lo promise. E lei disse, mentre si alzava e gli dava la mano:

«Mi hai detto più di una volta che nel pronunciare il mio nome ti senti sempre richiamare a qualcosa di dimenticato che un tempo era stato per te importante e sacro. Questo è un segno, Anselmo, ed è ciò che ti ha attirato a me per tutti questi anni. Anch'io credo che nella tua anima tu abbia perduto e dimenticato qualcosa di importante e di sacro, qualcosa che deve ridestarsi prima che tu possa trovare la felicità e raggiungere ciò a cui sei destinato. – Addio, Anselmo! Ti do la mano e ti chiedo: va' e cerca di ritrovare nella tua memoria quel qualcosa che il mio nome ti ricorda. Nel giorno in cui l'avrai ritrovato io sarò tua moglie, verrò con te dove vorrai e non avrò altri desideri se non i tuoi.»

Anselmo, costernato e confuso, volle interromperla e chiamare capriccio questa richiesta, ma lei gli ricordò la sua promessa con un limpido sguardo e lui tacque. Ad occhi bassi prese la sua mano, se la portò alle labbra e uscì.

Nella sua vita si era assunto molti compiti e li aveva assolti, ma nessuno era stato strano, importante e insieme scoraggiante come questo. Per giorni e giorni si aggirò interrogandosi fino allo sfinimento, e sempre veniva l'ora in cui, disperato e furioso, definiva questo compito un pazzo capriccio donnesco e mentalmente lo rifiutava. Ma nel profondo di sé qualcosa lo contraddiceva, un dolore sottile e segreto, una voce sommessa, appena percettibile. Questa voce sottile che parlava nel suo cuore dava ragione a Iris e avanzava la sua stessa richiesta.

Solo che il compito era troppo difficile per quell'uomo erudito. Doveva ricordarsi di qualcosa che aveva dimenticato da un pezzo, doveva ritrovare un singolo filo d'oro nella ragnatela degli anni svaniti, doveva afferrare con le sue mani e portare all'amata qualcosa che non era nient'altro che un canto d'uccello dissipato dal vento, che uno slancio di piacere o di tristezza nell'ascoltare una musica, qualcosa che era più tenue, fuggevole e incorporeo di un pensiero, più impalpabile di un sogno notturno, più indefinito di una nebbia mattutina.

A volte, dopo che perdendosi d'animo aveva respinto tutto ciò e in preda a un cupo umore si era arreso, inaspettatamente percepiva qualcosa di simile a un alito di remoti giardini; allora sussurrava tra sé il nome di Iris, dieci volte e più, sommessamente e giocosamente, come quando si prova una nota su una corda tesa. «Iris,» sussurrava «Iris», e con sottile pena sentiva muoversi qualcosa dentro di sé, come quando in una vecchia casa abbandonata una porta si apre o un armadio scricchiola senza motivo. Verificava i suoi ricordi, che aveva creduto di portare in bell'ordine dentro di sé, e faceva delle scoperte che lo stupivano e lo sgomentavano. Il suo tesoro di ricordi era infinitamente più piccolo di quanto avesse ritenuto. Anni interi mancavano e quando ripensava a loro erano vuoti come fogli bianchi. Scoprì che gli costava molta fatica ricomporre in modo nitido l'immagine di sua madre. Aveva completamente dimenticato come si chiamasse una ragazza che da adolescente aveva inseguito per almeno un anno con un ardente corteggiamento. Gli tornò in mente un cane che da studente si era comprato per capriccio e che aveva abitato e vissuto con lui per un periodo. Gli ci vollero dei giorni per ritrovare il nome di quel cane.

Con crescente tristezza e angoscia il pover'uomo si rendeva dolorosamente conto che la sua vita giaceva dietro di lui dispersa e vuota, non più sua, estranea e senza alcun rapporto con lui, come qualcosa che un tempo si è imparato a memoria e di cui ora con grande fatica si rimettono insieme alcuni vacui frammenti. Cominciò a scrivere, anno per anno voleva trascrivere le sue esperienze più importanti, per riaverle finalmente in mano. Ma quali erano le sue esperienze più importanti? L'essere diventato professore? L'esser stato dottore, o scolaro, o studente universitario? O che in tempi obliati questa o quella ragazza gli fosse piaciuta per un poco? Spaventato alzò gli occhi: era questa la vita? Era tutto qui? E si batté la palma sulla fronte e scoppiò in una gran risata.

Intanto il tempo volava, non era mai trascorso così veloce e inesorabile! Un anno era passato, e gli sembrava di essere ancora allo stesso punto in cui si trovava quando aveva lasciato Iris. Ma in questo periodo era molto mutato: tutti, tranne lui stesso, lo vedevano e lo sapevano. Era insieme invecchiato e ringiovanito. Per i suoi conoscenti era quasi diventato un estraneo, lo trovavano distratto, lunatico e strano, aveva ormai la fama di un eccentrico: peccato per lui, dicevano, ma era rimasto scapolo troppo a lungo. Capitava che dimenticasse i suoi doveri e che i suoi allievi lo attendessero invano. Succedeva che si trascinasse pensieroso per una strada, lungo le case, e che la sua giacca trascurata spolverasse al passaggio i davanzali. Taluni credevano che avesse cominciato a bere. Ma altre volte, davanti agli allievi, si fermava nel bel mezzo di una lezione, cercava di ricordarsi di qualcosa, sorrideva in modo infantile e commovente, come nessuno l'aveva mai visto sorridere, e proseguiva con un tono di calore e d'emozione che toccava il cuore di molti.

Da tempo, nelle sue inutili scorribande dietro i profumi e le tracce cancellate di anni lontani, era nata in lui a sua insaputa una nuova sensazione. Sempre più spesso gli sembrava che dietro a ciò che finora aveva chiamato ricordi ci fossero degli altri ricordi, come su un'antica parete affrescata dormono a volte, nascoste dietro le antiche immagini, altre immagini ancora più antiche che un tempo vennero ricoperte da quelle. Voleva rammentarsi di qualcosa, per esempio del nome di una città in cui da viaggiatore aveva sostato per qualche giorno, o del compleanno di un amico o di qualcos'altro, e mentre scavava e frugava nelle macerie di un pezzetto di passato, all'improvviso ricordava qualcosa di totalmente diverso. Lo sorprendeva un'aura, come il vento di un mattino d'aprile o come la nebbia di un giorno di settembre, percepiva un profumo, gustava un sapore, avvertiva delle oscure, delicate sensazioni in qualche parte di sé, sulla pelle, negli occhi, nel cuore, e lentamente comprendeva: doveva esserci stato un certo giorno, azzurro, caldo, oppure freddo, grigio, o ancora diverso, e l'essenza di quel giorno doveva essere rimasta impigliata in lui, attaccata a lui nella forma di un oscuro ricordo. Non poteva ritrovare nel suo vero passato quel giorno di primavera o d'inverno di cui chiaramente percepiva l'odore, il contatto, esso non conteneva nomi o numeri, forse era stato negli anni universitari, forse ancora nella culla, ma il profumo c'era e lui sentiva dentro di sé qualcosa di vivo che ignorava e che non poteva nominare e definire. A volte gli sembrava che questi ricordi potessero spingersi anche oltre la sua vita, nelle epoche passate di un'esistenza antecedente, anche se questo pensiero lo faceva sorridere.

Anselmo trovò molte cose nelle sue smarrite peregrinazioni attraverso gli abissi della memoria. Trovò molte cose che lo commossero e molte che lo spaventarono, ma una non la trovò: quello che il nome di Iris significava per lui.

Una volta, nel tormento di non-saper-trovare, tornò nella sua antica patria, rivide i boschi e i vicoli, i sentieri e le siepi, sostò nel vecchio giardino della sua infanzia e sentì una marea inondargli il cuore, il passato lo avvolse come un sogno. Se ne partì triste e muto. Si diede malato e fece mandar via chiunque volesse vederlo.

Uno però venne da lui. Era il suo amico, che Anselmo non aveva più rivisto dopo aver chiesto la mano di Iris.

Venne e lo trovò prigioniero nel disordine nella sua squallida clausura.

«Alzati,» gli disse «e vieni con me, Iris vuole vederti.»
Anselmo balzò in piedi.

«Iris! Che cos'ha? – Oh, lo so, lo so!»

«Sì,» disse l'amico «vieni con me! Vuole morire, è malata da molto tempo.»

Andarono da Iris, che giaceva a letto leggera e sottile come una bambina e sorrideva luminosamente con gli occhi ingranditi. Diede ad Anselmo la mano bianca e lieve di bambina, che posò come un fiore in quella di lui, e il suo volto era come trasfigurato.

«Anselmo,» disse «mi serbi rancore? Ti ho imposto un compito difficile e vedo che gli sei rimasto fedele. Continua a cercare, percorri questo cammino finché sarai alla meta! Credevi di percorrerlo per me, ma lo percorri per te stesso. Lo sai questo?»

«Lo intuivo,» disse Anselmo «e adesso lo so. È un lungo cammino, Iris, e da un pezzo avrei voluto tornare indietro, ma non trovo più la via del ritorno. Non so che ne sarà di me.»

Lei lo guardò negli occhi tristi e gli sorrise luminosa e confortante; lui si chinò sulla sua mano tenue e pianse a lungo, tanto che quella mano era tutta bagnata di lacrime.

«Quello che sarà di te,» disse lei con una voce che era solo l'eco di un ricordo «quello che sarà di te non devi domandarlo. Hai cercato molto nella tua vita. Hai cercato l'onore, e la felicità, e il sapere, e hai cercato me, la tua piccola Iris. Sono state soltanto delle belle immagini, e ti hanno abbandonato come io ora devo abbandonarti. Anche per me è stato così. Ho sempre cercato, e sempre erano belle, care immagini, e sempre mi venivano a mancare ed ecco, erano sfiorite. Ora non conosco più immagini, non cerco più niente, sono tornata alla mia origine e ho da fare ancora solo un piccolo passo, poi sarò in patria.

Anche tu ci arriverai, Anselmo, e dopo non avrai più rughe sulla fronte.»

Era così pallida che Anselmo gridò con disperazione: «Aspetta ancora, Iris, non andartene ancora! Lasciami un segno, che mi dica che non ti perdo del tutto!».

Lei annuì e cercò in un vaso che aveva accanto, e gli diede un gladiolo azzurro appena fiorito.

«Ecco, prendi il mio fiore, l'iris, e non dimenticarmi. Cercami, cerca l'iris, e verrai fino a me.»

Piangendo Anselmo prese il fiore e piangendo si congedò. Quando l'amico gli mandò un messaggio, tornò e aiutò a ornare di fiori la bara di Iris e a consegnarla alla terra.

Allora la vita che aveva alle spalle crollò, non gli parve più possibile continuare a tessere quel filo. Rinunciò a tutto, abbandonò la città e la sua carica e si perse nel mondo. Fu visto qua e là, ricomparve nella sua patria e si appoggiò allo steccato del vecchio giardino, ma quando la gente lo cercò per averne cura era partito e scomparso.

Il gladiolo gli era sempre caro. Spesso si chinava su uno di essi, ovunque lo vedesse levarsi, e quando affondava lungamente lo sguardo nel suo calice gli sembrava che dal fondo azzurrino gli alitasse incontro il profumo e il presagio di tutto il passato e di tutto il futuro, finché proseguiva tristemente, perché l'adempimento non veniva. Gli sembrava di origliare a una porta socchiusa, di sentire che dietro di essa respirava il più delizioso dei misteri, e quando credeva che tutto gli sarebbe stato dato e si sarebbe adempiuto, la porta si chiudeva e il vento del mondo soffiava freddo sulla sua solitudine.

Nei suoi sogni gli parlava la madre, di cui ora percepiva la figura e il volto con una nitida vicinanza che in lunghi anni non c'era stata mai. E gli parlava Iris, e quando si svegliava sentiva un'eco, e per tutto il giorno indugiava a meditare su di esso. Era senza dimora, traversava i paesi da straniero, dormiva nelle case, dormiva nei boschi, mangiava del pane o mangiava delle bacche, beveva vino o beveva la rugiada dalle foglie degli arbusti, e nemmeno lo sapeva. Per molti era un pazzo, per molti era un mago, molti lo temevano, molti ridevano di lui, molti lo amavano. Imparò una cosa di cui non era mai stato capace, a stare coi bambini e a partecipare ai loro strani giochi, a parlare con un ramo spezzato e con un sassolino. Inverno ed estate passavano su di lui, che guardava nei calici dei fiori e nel torrente e nel lago.

"Immagini," diceva talora tra sé "nient'altro che immagini."

Ma nel profondo di sé sentiva un'essenza che non era immagine, e la seguiva, e questa essenza che era dentro di lui talvolta sapeva parlare, e la sua voce era quella di Iris e quella della madre ed era conforto e speranza.

Gli accadevano meraviglie e non lo meravigliavano. Così una volta, durante l'inverno, camminava nella neve, e sulla sua barba era cresciuto il ghiaccio. E nella neve si levava appuntita e slanciata una pianta d'iris da cui sbocciava un bel fiore solitario, ed egli si chinò su di esso e sorrise, perché adesso riconosceva ciò che l'iris gli aveva sempre ricordato. Riconobbe il suo sogno infantile, e tra sbarre dorate vide il celeste sentiero venato di luce condurre nel segreto cuore del fiore, e seppe che là c'era quello che cercava, c'era l'essenza che non è più immagine.

E di nuovo si sentì ammonire, fu guidato dai sogni, e giunse a una capanna, e c'erano dei bambini che gli diedero del latte, e giocò con loro, e loro gli raccontarono delle storie, e gli raccontarono che nel bosco, là dove c'erano i carbonai, era accaduto un miracolo. Chi vi andasse vedeva che la porta degli spiriti era aperta, quella porta che si apriva solo una volta ogni mille anni. Egli ascoltò e assentì alla bella immagine e continuò il suo cammino, e un uccello cantò per lui nel bosco d'ontani con una voce rara, dolce, come la voce della morta Iris. Lo seguì, ed esso continuò a volare e a saltellare, oltre il torrente e nel profondo dei boschi.

Quando l'uccello tacque e non ci fu più niente da sentire né da vedere, Anselmo si fermò e si guardò attorno. Si trovava in una valle profonda nel cuore del bosco, sotto larghe foglie verdi scorreva sommesso un ruscello e tutto il resto taceva e aspettava. Ma nel suo petto l'uccello continuava a cantare con la voce amata e continuava a spingerlo, finché si trovò davanti a una parete di roccia tutta coperta di muschio, e in mezzo si spalancava una fessura che conduceva, stretta e angusta, nell'interno della montagna.

Davanti alla fessura era seduto un vecchio che vedendo arrivare Anselmo si alzò e gridò: «Indietro, uomo, indietro! Questa è la porta degli spiriti. Nessuno è mai tornato di quelli che vi entrarono».

Anselmo guardò in alto e nella porta rocciosa, e nel profondo della montagna vide perdersi un sentiero azzurro, e fitte colonne d'oro lo bordavano, e il sentiero discendeva verso l'interno come sprofondandosi nel calice di un gigantesco fiore.

Nel suo petto l'uccello cantava, e Anselmo sorpassò il guardiano, entrò nella fessura e camminò tra le colonne dorate verso l'azzurro mistero. Era Iris, ed egli penetrava nel suo cuore, ed era il gladiolo nel giardino della madre, ed egli s'inoltrava leggero nel suo azzurro calice, e quando avanzò tacito incontro a quel dorato crepuscolo, a un tratto ogni ricordo, ogni sapere fu con lui, si tastò la mano ed era piccola e morbida, voci d'amore risuonarono al suo orecchio vicine e familiari, e il loro suono, e lo splendore delle colonne dorate, era lo stesso che un tempo, nelle primavere dell'infanzia, aveva musicato e illuminato ogni cosa.

Ed era ritornato anche il suo sogno, quello che aveva sognato da bambino: che scendeva nel calice, e dietro di lui camminava e sdrucciolava giù tutto il mondo delle immagini, e sprofondava nel mistero che tutte le immagini celano.

Anselmo cominciò a cantare piano, e il suo sentiero scese piano verso la patria.

SERA D'APRILE

Azzurro e fior di pesco
violetta e rosso vino,
come fioriva e ardeva
il fuoco vostro in me.

Tardi tornato a casa
alla finestra indugio,
sento venire i sogni,
il cuore trema in me.

Colma d'ansia e di vita
è l'anima tremante.
A chi la posso dare?
Amata, la do a te.

ATTESA DELL'AVVENTURA

Il primo villaggio sul lato sud della montagna. Qui comincia davvero la vita errabonda che amo, l'andare in giro senza meta, le soste assolate, il libero vagabondaggio. Io sono molto portato a vivere di ciò che contiene lo zaino e ad avere i pantaloni sfrangiati.

Mentre aspetto che l'oste mi porti il vino qui all'aperto, mi ricordo improvvisamente di Ferruccio Busoni. «Lei ha un'aria così campagnola» mi disse con una punta d'ironia quella cara persona l'ultima volta che ci vedemmo – non molto tempo fa, a Zurigo. Andreae aveva diretto una sinfonia di Mahler, eravamo seduti insieme nel solito ristorante, io godevo ancora una volta del pallido viso spiritato di Busoni e della disinvolta consapevolezza di questo antifilisteo, il più brillante che ci sia rimasto. – Ma cosa c'entra questo ricordo?

Lo so! Non è Busoni a cui penso, e non è Zurigo, e non è Mahler. Sono i consueti inganni della memoria, quando sfiora qualcosa di sgradevole e si affretta a spingere in primo piano delle immagini innocue. Ora lo so! In quel ristorante c'era anche una giovane donna, biondissima e dalle guance molto rosse, con cui non scambiai una parola. O angelo! Guardarla era un godimento e una tortura, quanto l'amai in quell'ora! Ero di nuovo un diciottenne.

Improvvisamente tutto è chiaro. Bella, biondissima, ilare donna! Non so più come ti chiami. Ti ho amata per un'ora e oggi, nella stradina soleggiata di questo villaggio di montagna, torno ad amarti – per un'ora. Nessuno mai ti ha amata più di me, nessuno ti ha mai concesso tanto potere su di sé come ho fatto io, un potere incondizionato. Ma io sono condannato all'infedeltà. Sono di quei tipi leggeri che non amano una donna, ma soltanto l'amore.

Noi nomadi siamo tutti così. Il nostro istinto errabondo e il nostro vagabondare sono in gran parte amore, erotismo. Il romanticismo dei viaggi per metà non è altro che attesa dell'avventura. Ma per l'altra metà è l'inconscio impulso a trasformare e a dissolvere l'erotismo. Noi nomadi siamo addestrati a nutrire desideri d'amore proprio in quanto inappagabili, a distribuire giocosamente quell'amore che spetterebbe alla donna, a villaggio e montagna, lago e burrone, ai bambini per via, ai mendicanti sul ponte, al bestiame al pascolo, all'uccello, alla farfalla. Noi stacchiamo l'amore dal suo oggetto, l'amore si basta da solo, proprio come nel vagabondaggio non cerchiamo la meta ma solo il gusto del vagabondaggio di per se stesso, l'essere per la strada.

Giovane donna dal fresco viso, non voglio sapere il tuo nome. Non voglio custodire e nutrire il mio amore per te. Tu non sei la meta, ma la molla del mio amore. Io questo amore lo regalo via, ai fiori sul sentiero, al lampo di sole nel bicchiere di vino, alla rossa cipolla del campanile. Tu fai sì che io sia innamorato del mondo.

Oh, stupide chiacchiere! Stanotte, nella malga, ho sognato la donna bionda. Ero pazzamente innomorato di lei. Avrei dato il resto della mia vita e tutte le gioie del vagabondaggio pur di averla accanto. Oggi penso tutto il giorno a lei. Per lei bevo il vino e mangio il pane. Per lei disegno il villaggio e il campanile nel mio taccuino. Per lei ringrazio Iddio – che esista, che mi sia stato concesso di vederla. Per lei comporrò una poesia e mi ubriacherò di questo vino rosso.

E così era destino che la mia prima sosta nel ridente sud fosse dedicata alla nostalgia di una donna biondissima che è rimasta al di là della montagna. Com'era bella la sua fresca bocca! Com'è bella, com'è sciocca, com'è stregata questa povera vita!

A UNA DONNA

Indegno io sono, indegno d'ogni amore,
ardo soltanto e non so come sia,
sono il lampo che scocca dalla nube,
sono vento, tempesta, melodia.

Amo però che amore mi sia dato,
accetto sacrifici e voluttà,

dalle lagrime sempre accompagnato
in quanto estraneo e senza fedeltà.

Sono fedele solo all'astro interno
che alla dissoluzione mi richiama,
che dal piacere mi distilla inferno,
che tuttavia il mio cuore loda ed ama.

Stregone e seduttore per mia sorte,
sèmino acre piacere presto spento,
ad esser come bimbe, come bestie v'apprendo,
e il mio signore e il mio duce è la morte.

C'ERA UN INNAMORATO...

C'era un innamorato che amava senza speranza. Si ritirò del tutto nella propria anima e gli parve che il fuoco d'amore l'avrebbe consumato. Perdette il mondo, non vedeva più il cielo azzurro e il verde bosco, il torrente per lui non frusciava, l'arpa per lui non suonava, tutto era sprofondato e lui era caduto in miseria. Ma il suo amore cresceva, e lui avrebbe preferito morire e rovinarsi piuttosto che rinunciare al possesso della bella donna che amava. Sentì allora che il suo amore aveva bruciato in lui ogni altra cosa, e l'amore divenne potente e tirò e tirò, e la bella donna dovette obbedire, venne, e lui era lì a braccia aperte per attirarla a sé. Ma quando gli fu davanti si era del tutto trasformata, e con un brivido egli sentì e vide che aveva attirato a sé tutto il mondo perduto. Era davanti a lui e gli si arrendeva, cielo e bosco e torrente, tutto gli veniva incontro in nuovi colori, fresco e splendido, gli apparteneva, parlava il suo linguaggio. E invece di conquistare soltanto una donna egli aveva tra le braccia il mondo intero, e ogni stella del cielo ardeva in lui e scintillava voluttà nella sua anima. – Aveva amato e amando aveva trovato se stesso. Ma i più amano per perdersi.

MON RÊVE FAMILIER

dall'originale francese di Paul Verlaine

Torno a sognare quella sconosciuta
che tanto spesso in sogno ho già veduta.

Ci amiamo, dalla fronte mi allontana
i madidi capelli la sua mano sovrana.

E lei sola comprende il mio enigma interiore,
sa leggere nel buio del mio cuore.

Mi chiedi: È forse bionda? Non lo so.
Una fiaba è il suo volto, questo so.

E si chiama? Non so. Ma dolce, come
canto di lontananze, è il suono del suo nome.

Come il nome di quella che diletta chiamiamo
e perduta e lontana ormai sappiamo.

E di colore oscuro è la sua voce a udire
come di donne amate che vedemmo morire.

KLINGSOR A EDITH

Cara stella del cielo d'estate!

Che lettera bella e vera mi hai scritto, e quanto dolorosamente il tuo amore m'invoca, come eterno dolore, come eterno rimprovero. Ma sei sulla strada giusta se mi confessi, se confessi a te stessa ogni sensazione del tuo cuore. Solo non chiamare piccola nessuna sensazione, indegna nessuna sensazione! Ciascuna è buona, molto buona, anche l'odio, anche l'invidia, anche la gelosia, anche la crudeltà. D'altro non viviamo che dei nostri poveri, belli, magnifici sentimenti, e ogni volta che facciamo torto a uno di loro noi spegniamo una stella.

Se amo Gina non lo so. Ne dubito molto. Non farei nessun sacrificio per lei. Non so se sono capace d'amare. Sono capace di desiderare, e sono capace di cercare me stesso in altre persone, di ascoltare un'eco, di pretendere uno specchio, sono capace di cercare il piacere, e tutto questo può sembrare amore.

Ambedue, tu ed io, camminiamo nello stesso labirinto, nel labirinto dei nostri sentimenti, che in questo mondo infame non sono stati appagati, e perciò, ciascuno a suo modo, ce ne vendichiamo su questo mondo crudele. Ma vogliamo, ciascuno di noi, lasciar sussistere i sogni dell'altro, perché sappiamo quanto sia rosso e dolce il vino dei sogni.

Chiarezza sui loro sentimenti e sulla "portata" e le conseguenze delle loro azioni ce l'hanno solo le persone buone e garantite, che credono nella vita e non fanno alcun passo che non approverebbero anche domani e dopodomani. Io non ho la fortuna di essere uno di loro, e sento e agisco come uno che non crede nel domani e che guarda ogni giorno come se fosse l'ultimo.

Cara, slanciata donna, cerco senza fortuna di esprimere i miei pensieri. I pensieri espressi sono sempre così morti! Lasciamoli vivere! Sento nel profondo e con gratitudine che tu mi comprendi, che qualcosa in te mi è affine. Come ciò vada rubricato nel libro della vita, se i nostri sentimenti siano amore, voluttà, gratitudine, compassione, se siano materni o infantili, questo non lo so. Spesso vedo in ogni donna un consumato libertino e spesso un bimbo. Spesso provo la massima attrazione per la donna più casta, spesso per la più generosa. È tutto bello, è tutto sacro, è tutto infinitamente buono ciò che mi è dato amare. Perché, per quanto tempo, a quale grado, questo non è misurabile.

Io non amo te sola, lo sai, non amo neanche la sola Gina, domani e dopodomani amerò altre immagini, dipingerò altre immagini. Ma non mi pentirò di nessun amore che abbia mai provato e di nessuna saggezza o sciocchezza che abbia compiuto per un amore. Forse amo te perché mi somigli. Altre le amo perché sono così diverse da me.

È una notte tarda, la luna è alta sopra il Monte Salute.

Come ride la vita, come ride la morte!

Getta nel fuoco questa stupida lettera, e getta nel fuoco

il tuo Klingsor

LAMPI

Lampi febbrili tremano,
il gelsomino strani
fulgori d'astro esangue
accende ai tuoi capelli.

Al tuo potere magico,
privo di stelle, plumbeo,
offriamo baci e rose,
ansante, afosa notte.

Baci senza splendore,
subito rinnegati,
rose che in triste danza
stanchi petali spargono.

Notte senza rugiada!
Amore senza lagrime
né gioia! Attesa trepida
del prossimo uragano!

Spesso penso che tutta la nostra arte sia soltanto un surrogato, faticoso e pagato dieci volte troppo caro, della vita non vissuta, dell'istintualità non vissuta, dell'amore non vissuto. Eppure non è così. È tutt'altro. Si sopravvaluta la sensualità se si vede nella spiritualità solo il necessario surrogato di una sensualità carente. Il valore della sensualità non supera neppure di un capello quello dello spirito, e viceversa. Tutto è una cosa sola, tutto è ugualmente buono. Abbracciare una donna o scrivere una poesia non fa differenza. Purché ci sia l'essenziale, l'amore, la passione, il rapimento, essere un monaco sul monte Athos o un viveur a Parigi è la medesima cosa.

Ciò che mi avvantaggia nel campo del pensiero e dell'arte mi causa spesso delle difficoltà nella vita, specialmente con le donne, ed è questo: io non posso fissare il mio amore, non posso amare una cosa sola o una sola donna, ma devo amare in generale la vita e l'amore.

Il principio di ogni arte è l'amore; valore e dimensione di ogni arte vengono soprattutto determinati dalla capacità d'amore dell'artista.

NUOVO INCONTRO

L'hai davvero scordato,
che il tuo braccio al mio braccio s'intrecciava
e che un piacere smisurato
dalla tua mano alla mia mano
dalla mia bocca nella tua passava,
e che il tuo crine biondo
per tutta una fugace primavera
fu il mantello beato del mio amore,
e musica e profumo era quel mondo
che ora se ne sta lì grigio e annoiato
da tempeste d'amore, dalle nostre follie non più cullato?

Il male che a vicenda ci facemmo
il tempo lo cancella, lo dimentica il cuore;
ma le ore beate si fermano per sempre
in un interminabile splendore.

COSA VIDE IL POETA ALLA SERA

La giornata di luglio, di quel luglio meridionale, declinava rosseggiando: le montagne emergevano con le cime rosee dall'azzurro vapore dell'estate, le messi pesanti cuocevano nell'afa dei campi, turgido si levava l'alto abbondante mais, molti campi di grano erano già stati falciati, nell'odore di polvere della strada maestra, tiepido, denso, farinoso si mischiavano con sfatta dolcezza i profumi fioriti dei campi e dei giardini. Nel folto verde la terra ancora tratteneva il calore del giorno, dai timpani dorati i villaggi irradiavano un caldo, tardivo splendore nell'incipiente crepuscolo.

Una coppia d'innamorati camminava sulla strada torrida da un villaggio all'altro, camminava lentamente e senza meta ritardando il congedo, ora sciolta, la mano nella mano, ora abbracciata, spalla a spalla. Camminavano con bella leggerezza, sfolgorando nei lievi abiti estivi, in scarpe bianche, a testa nuda, trascinati dall'amore, nella fioca febbre della sera, la ragazza col viso e il collo bianchi, l'uomo bruno di sole, entrambi slanciati ed eretti, belli entrambi, divenuti una cosa sola nel sentimento dell'ora e come nutriti e sospinti da un solo cuore, eppure profondamente diversi e lontani. Era l'ora in cui l'amicizia vuol diventare amore, un gioco vuol farsi destino. Entrambi sorridevano, entrambi erano seri fin quasi alla tristezza.

Nessuno percorreva a quell'ora la strada tra i due villaggi, i contadini avevano già cessato di lavorare. Nei pressi di una casa di campagna che risplendeva chiara tra gli alberi come se fosse ancora al sole gli innamorati si fermarono e si abbracciarono. L'uomo condusse dolcemente la ragazza al margine della strada: lì correva un basso muricciolo e i due vi si sedettero per restare ancora insieme, per non dover entrare nel villaggio e tra gli uomini, per non consumare ancora il resto della strada comune. Sedettero silenziosi sul muro, tra i garofani e le sassifraghe, sotto i pampini. Attraverso la polvere e il profumo li raggiungevano i suoni del villaggio, gioco di bambini, il richiamo di una madre, risate d'uomini, un vecchio pianoforte lontano e timido. Loro sedevano silenziosi, si appoggiavano l'uno all'altra, non parlavano, insieme sentivano il fogliame oscurarsi sopra di loro, i profumi errare intorno a loro, l'aria calda rabbrividire nel primo presentimento della rugiada e del fresco.

La ragazza era giovane, era molto giovane e bella, slanciata e magnifico il lungo collo luminoso si levava dall'abito leggero, slanciate e lunghe uscivano dalle larghe maniche corte le braccia e le mani chiare. Lei amava il suo amico, credeva di amarlo bene. Sapeva molto di lui, lo conosceva così bene, erano stati amici per lungo tempo. Spesso, per un istante, si erano ricordati anche della loro bellezza e del loro sesso, avevano teneramente ritardato una stretta di mano, si erano baciati frettolosamente, per gioco. Lui era stato il suo amico, un poco anche il suo consigliere e il suo confidente, il più anziano, il più sapiente, e solo talvolta, per qualche istante, un debole lampeggiare aveva palpitato nel cielo della loro amicizia, ricordando loro con fugace dolcezza che non c'era solo fiducia e cameratismo tra loro, ma anche il gioco della vanità, anche la brama di potere, anche la soave inimicizia e l'attrazione reciproca dei sessi. Ora tutto ciò voleva maturare, ora divampava una nuova fiamma.

Anche l'uomo era bello, ma senza la gioventù e la profonda freschezza della fanciulla. Era molto più anziano di lei, aveva assaporato l'amore e il destino, aveva vissuto il naufragio e la nuova uscita in mare aperto. Meditazione e autocoscienza erano scritte a lettere severe sul suo magro volto bruno, il destino segnava di rughe la fronte e le guance. Tuttavia quella sera il suo sguardo era dolce e devoto. La sua mano giocava con la mano della ragazza, correva lieve e discreta sul braccio e sulla nuca, sulle spalle e sul seno dell'amica: i piccoli, giocosi sentieri della tenerezza. E mentre la bocca di lei gli veniva incontro nel quieto viso crepuscolare con l'intima aspettativa di un fiore, mentre la tenerezza montava in lui con la crescente fame della passione, egli però costantemente pensava e sapeva che molte altre innamorate avevano camminato così con lui nelle sere d'estate, che su altre braccia, su altri capelli, intorno ad altre spalle e fianchi le sue dita avevano percorso gli stessi teneri sentieri, sapeva di mettere in pratica un'arte in cui era esperto, di ripetere esperienze già vissute, sapeva che per lui l'impetuoso sentimento di quell'ora non era il medesimo che la ragazza provava, perché era bello e soave ma non più nuovo, ormai, non più inaudito, non più primo e sacro.

Posso sorseggiare anche questa bevanda, pensò, anch'essa è dolce, anch'essa è meravigliosa, e forse posso amare meglio questo giovane fiore, con più sapienza, più rispetto, più raffinatezza di quanto non saprebbe fare un giovinetto, di quanto io stesso non avrei saputo dieci o quindici anni fa. Posso condurla oltre la soglia della prima esperienza con più tenerezza, intelligenza, affettuosità di chiunque altro, posso degustare questo splendido, nobile vino con più nobiltà e gratitudine di qualunque giovane. Ma non potrò nasconderle che dopo l'ebbrezza viene la sazietà, e dopo la prima ebbrezza non potrò fingermi l'amante che lei sogna, l'amante sempre entusiasta. La vedrò tremare e piangere e sarò freddo e segretamente impaziente. Avrò paura dell'istante, ho già paura dell'istante in cui i suoi occhi si apriranno e lei conoscerà il disincanto, in cui il suo viso non sarà più un fiore e si deformerà bruscamente nel terrore della verginità perduta.

Tacevano, seduti sul muretto tra la vegetazione in fiore, stretti l'uno all'altra, di tanto in tanto percorsi da un brivido di voluttà e spinti ad abbracciarsi più forte. Solo di rado dicevano una parola, una parola balbettante, puerile: amore – tesoro – bambina – mi vuoi bene?

Ed ecco, dalla casa di campagna, il cui fulgore tra l'oscurità del fogliame cominciava anch'esso a impallidire, uscì una bambina, una ragazzina di forse dieci anni, scalza, le snelle gambe abbronzate, in una corta veste scura, con lunghi capelli scuri intorno al viso bruno e pallido.

Si avvicinò come per gioco, indecisa, un po' timida, con una corda per saltare in mano: i piccoli piedi percorrevano silenziosi la strada. Si avvicinò come in un gioco, cambiando il passo, al luogo in cui sedevano gli innamorati. Giunta a loro camminò più lentamente; sembrava che le spiacesse passare oltre, che qualcosa l'attirasse in quel luogo, come il fiore del phlox attira la falena. Sommessamente cantò il suo saluto: «Buona sera». Dal muro la ragazza annuì gentilmente, gentilmente l'uomo le gridò: «Ciao, cara mia».*

La bambina passò, pian piano, a malincuore, sempre più titubante, dopo cinquanta passi si fermò, tornò indietro, titubante, tornò ad avvicinarsi, passò vicina alla coppia d'innamorati, guardò verso di loro timida e sorridente, andò oltre, scomparve nel giardino della casa.

«Com'era carina!» disse l'uomo.

Passò poco tempo, il crepuscolo si era approfondito di poco, e la bambina uscì di nuovo dalla porta del giardino. Si fermò un attimo, osservò di nascosto la strada, spiò il muro, i pampini, la coppia. Poi cominciò a correre, risalì la strada con la rapida corsa degli agili piedi nudi, oltrepassò la coppia, tornò di corsa, corse fino alla porta del giardino, fece un minuto di sosta, e ripeté ancora una volta e due volte, tre volte la sua corsa muta e solitaria.

In silenzio gli innamorati la guardavano correre avanti e indietro, guardavano la corta gonna scura sventolare sulle snelle gambe infantili. Sentivano che quella corsa era per loro, che da loro irradiava un incanto, che la bambina percepiva nel suo sogno infantile il presentimento dell'amore e la tacita ebbrezza della passione.

Ora la corsa diventò una danza, la ragazzina si avvicinò dondolandosi, cullandosi, cambiando il passo. Solita-

---

* In italiano nel testo.

ria la piccola figura danzò nella sera sulla strada bianca. La sua danza era un omaggio, la sua piccola danza infantile era un canto e una preghiera al futuro, all'amore. Seria e devota, compì la sua offerta votiva, avvicinandosi e allontanandosi leggera, e infine si perse nel giardino buio.

«Era affascinata da noi» disse l'innamorata. «Sente l'amore.»

L'amico tacque. Pensava: nella piccola estasi della sua danza quella bambina ha forse goduto la bellezza dell'amore più pienamente di quanto le sarà mai dato di viverla. Pensava: forse anche noi due abbiamo già goduto la parte migliore e più profonda del nostro amore, e quello che può ancora venire è l'insipida feccia.

Si alzò e fece scendere dal muretto l'amica.

«Devi andare,» le disse «si è fatto tardi. Ti accompagno fino al crocicchio.»

La casa di campagna e il giardino giacevano addormentati, quando nè oltrepassarono la porta. Sopra la porta pendevano dei fiori di melograno, e anche nella notte che calava il loro lieto rossore era una nota squillante.

Camminarono abbracciati fino al crocicchio. Per salutarsi si baciarono con ardore, si staccarono a forza, si separarono, tornarono ancora una volta, si baciarono ancora una volta, il bacio non dava più alcuna gioia, solo una sete più ardente. La ragazza cominciò ad allontanarsi a passo svelto, l'amico la seguì a lungo con lo sguardo. E anche in quel momento il passato era presso di lui, il vissuto lo guardava negli occhi: altri addii, altri baci notturni, altre labbra, altri nomi. Fu sopraffatto dalla tristezza, tornò lentamente per la sua strada, sopra gli alberi apparivano le stelle.

In quella notte, in cui non dormì, i suoi pensieri pervennero a questa conclusione:

È inutile ripetere il vissuto. Potrei amare ancora molte donne, ancora per molti anni, forse, i miei occhi sarebbero limpidi e le mie mani tenere, e il mio bacio gradito alle donne. Ma dopo bisognerà prendere congedo. E il congedo che oggi posso prendere di mia volontà dovrà essere preso nella sconfitta e nella disperazione. E la rinuncia, che oggi è una vittoria, sarà soltanto un'onta. Per questo devo rinunciare fin d'ora, devo prendere congedo fin d'ora.

Oggi ho imparato molto, ma ho ancora molto da imparare. Devo imparare da quella bambina che ci ha deliziati con la sua tacita danza. Quando ha veduto nella sera una coppia d'innamorati, l'amore è fiorito dentro di lei. Un'onda precoce, un trepido e gioioso presentimento del piacere è corso nel sangue di quella bambina, e lei ha cominciato a danzare, dato che non sa ancora amare. Anch'io devo imparare a danzare, devo trasformare la brama del piacere in musica, la sensualità in preghiera. Allora potrò sempre amare, allora non dovrò più ripetere inutilmente cose già vissute. È questa la via che voglio percorrere.

L'INNAMORATO

Desto il tuo amico giace nella clemente notte,
caldo ancora di te, colmo del tuo profumo
e sguardo e bacio e chioma – o mezzanotte,
o luna e stella e azzurra bruma!
In te il mio sogno, amata, si sprofonda
come in un mare, o in un montano abisso,
rompe in frangenti e si dissolve in schiuma,
si fa sole, radice, animale, soltanto
per essere con te,
per starti accanto.
Saturno sì remoto e luna, io non li vedo,

solo il tuo viso io vedo, pallido come un fiore,
e rido muto e piango nell'ebbrezza,
non c'è più gioia, non c'è più dolore,
solo tu, solo noi, precipitati
nel profondo universo, in quel mare profondo
in cui siamo perduti,
moriamo e nuovi ritorniamo al mondo.

LE METAMORFOSI DI PITTORE

Una fiaba
Appena fu entrato nel Paradiso terrestre, Pittore incontrò un albero che era uomo e donna insieme. Pittore salutò l'albero con riverenza e chiese: «Sei tu l'albero della vita?». Quando però non l'albero, ma il serpente gli volle rispondere, gli girò le spalle e andò oltre. Era tutt'occhi, tutto gli piaceva immensamente. Sentiva con chiarezza di essere giunto in patria e alla fonte della vita.

E di nuovo vide un albero che era insieme sole e luna.
Disse Pittore: «Sei tu l'albero della vita?».
Il sole annuì e rise, la luna annuì e sorrise.

I fiori più straordinari lo guardavano con luci e colori, con occhi e volti molteplici e vari. Alcuni annuivano e ridevano, altri annuivano e sorridevano, altri ancora non annuivano e non sorridevano: tacevano inebriati, in se stessi calati, nel loro aroma come annegati. Uno cantava la canzone lilla, uno cantava la canzone blu del sonno. Uno dei fiori aveva grandi occhi azzurri, un altro gli ricordava il suo primo amore. Uno odorava come il giardino dell'infanzia, il suo dolce profumo imitava nel suono la voce della madre. Un altro invece gli rideva in faccia e gli mostrava l'arco rosso della lingua. Leccò, il sapore era forte e selvatico, come resina e miele ed anche come il bacio di una donna. In mezzo a tutti quei fiori Pittore era colmo di desiderio e di trepida gioia. Il suo cuore, quasi fosse una campana, batteva grave, batteva soave; e fiammeggiava d'avida passione verso l'ignoto e la sua arcana intuizione.

Pittore vide un uccello posato, nell'erba lo vide posato e lampeggiante in più colori, pareva il bell'uccello in possesso di tutti i colori. Al bell'uccello colorato chiese: «O uccello, di', dov'è la felicità?».

«La felicità,» disse il bell'uccello ridendo col becco dorato, «la felicità, o amico, è in tutte le calli, nei monti e nelle valli, nei fiori e nei cristalli.»

Con queste parole il lieto uccello scosse il suo piumaggio, tese il collo, agitò la coda, strizzò l'occhio, rise ancora una volta, poi rimase immobile, posò fermo nell'erba, e guarda: l'uccello era diventato un fiore variopinto, le piume petali, gli artigli radici. Nel suo fulgore d'ogni colore, in piena danza s'era fatto pianta. Stupito lo vide Pittore.

E di lì a poco il fioreuccello mosse petali e pistilli, era già sazio dello stato floreale, non aveva radici, si mosse lievemente, si levò lentamente, ed era diventato una farfalla iridescente che si cullava sospesa, senza gravezza, senza stanchezza, tutta un volto splendente. Pittore n'ebbe grande sorpresa.

Ma la neofarfalla, la farfallafioreuccello, il luminoso volto variopinto volò in cerchio intorno al meravigliato Pittore, scintillò nel sole, si lasciò cadere a terra con la dolcezza di un fiocco di neve, si posò proprio ai piedi di Pittore, respirò delicatamente, tremò un poco con le alucce luminose, e subito si trasformò in un cristallo colorato dai cui spigoli irradiava una luce rossa. Rossa e meravigliosa tra l'erba e tra le verdi piante, chiara come campana risonante ardeva la pietra preziosa. Ma la sua patria, il cuore della terra, parve chiamarla; rapidamente rimpicciolì e minacciò di sprofondare.

Allora Pittore, mosso da una brama soverchiante, afferrò la pietra che scompariva e l'ebbe nelle sue mani. Con delizia contemplò la sua magica luce, che sembrava irradiargli nel cuore il presentimento di tutte le beatitudini.

A un tratto il serpente s'inanellò al ramo di un albero morto e gli sibilò all'orecchio: «Questa pietra ti tramuta in quello che vuoi. Dille presto il tuo desiderio, prima che sia troppo tardi!».

Pittore ebbe un fremito e temette di mancare la sua occasione di felicità. Rapidamente disse la parola e si tramutò in un albero. Talvolta infatti aveva desiderato d'essere un albero, perché gli alberi gli sembravano così pieni di quiete, di forza e di dignità.

Pittore divenne un albero. Cacciò radici nella terra, si stirò verso l'alto, dalle sue membra spuntarono foglie e rami. Ne fu molto contento. Con le fibre assetate succhiava nel profondo della fresca terra e cullava le foglie nell'alto cielo azzurro. I maggiolini abitavano nella sua corteccia, ai suoi piedi abitavano la lepre e il porcospino, nei suoi rami gli uccelli.

L'albero Pittore era felice e non contava gli anni che passavano. Molti e molti anni passarono prima che si accorgesse che la sua felicità non era perfetta. Solo lentamente imparò a vedere coi suoi occhi arborei. Finalmente vide e si fece triste.

Vide infatti che nel Paradiso terrestre intorno a lui quasi tutti gli esseri si trasformavano con grande frequenza, anzi, che tutto fluiva in una magica corrente di eterna trasformazione. Vide fiori diventare pietre preziose o volare via come colibrì sfolgoranti. Vide accanto a sé più di un albero scomparire: uno si era disciolto in fonte, l'altro era diventato un coccodrillo, un terzo se ne andava lietamente, nuotando come un pesce nella fresca corrente, e vivace guizzava e in nuove forme nuovi giochi cominciava. Elefanti scambiavano la veste con le rocce, giraffe la figura con i fiori.

Ma lui, l'albero Pittore, restava sempre lo stesso, non poteva più trasformarsi. Appena lo comprese, la sua felicità svanì; cominciò a invecchiare e assunse sempre di più quell'aria stanca, seria e intristita che si può osservare in molti vecchi alberi. Anche nei cavalli, negli uccelli, negli uomini e in tutti gli esseri lo possiamo vedere ogni giorno: se non possiedono il dono della metamorfosi, col tempo cadono nella malinconia, avvizziscono e la loro bellezza va perduta.

Ma un giorno una fanciulla si smarrì in quella zona del Paradiso terrestre, bionda di capelli, in veste azzurra. Cantando e danzando la bionda corse sotto gli alberi, e fino a quel giorno non aveva mai pensato di desiderare il dono della metamorfosi.

Più di una furba scimmia sorrise alle sue spalle, più di un cespuglio la sfiorò teneramente con un virgulto, più di un albero le gettò un fiore, una noce, una mela senza che lei vi badasse.

Quando l'albero Pittore vide la fanciulla, fu colto da una grande nostalgia, da un desiderio di felicità mai provato prima. E insieme fu catturato da una profonda meditazione, perché gli sembrava che il suo stesso sangue gli gridasse: "Rammentati! Ricordati in quest'ora di tutta la tua vita, trova il senso, o sarà troppo tardi, e la felicità non potrà più raggiungerti". Ed egli obbedì. Si rammentò delle sue origini, dei suoi anni di uomo, del suo ingresso nel Paradiso terrestre, e in particolare di quell'attimo che aveva preceduto la sua metamorfosi in albero, di quell'attimo meraviglioso in cui aveva tenuto in mano la pietra magica. Allora, mentre ogni metamorfosi gli era aperta, la vita era stata ardente in lui come non mai! Ripensò all'uccello che aveva riso, e all'albero col sole e la luna; intuì che in quel momento aveva omesso, dimenticato qualcosa, e che il consiglio del serpente non era stato buono.

La fanciulla sentì un fruscio nel fogliame dell'albero

Pittore, guardò in su e sentì, con un'improvvisa pena nel cuore, nuovi pensieri, nuovi desideri, nuovi sogni muoversi dentro di lei. Attirata da quella forza ignota si sedette sotto l'albero. Esso le parve solitario, solitario e triste, e insieme bello, commovente e nobile nella sua muta tristezza; seducente risuonava per lei il canto della sua corona dal lieve fruscio. Si appoggiò al tronco ruvido, sentì l'albero rabbrividire profondamente, sentì lo stesso brivido nel proprio cuore. Il cuore le doleva in modo strano, nuvole correvano nel cielo della sua anima, lentamente scendevano dai suoi occhi pesanti lagrime. Cos'era questo? Perché bisognava soffrire così? Perché il cuore voleva infrangerle il petto e fondersi in lui, nel bel solitario?

L'albero tremava leggermente fino alle radici, tale era l'impeto con cui raccoglieva dentro di sé tutta la sua forza vitale per rivolgerla verso la fanciulla nell'ardente desiderio dell'unione. Ahimè, ingannato dal serpente si era bandito per sempre in un albero! O com'era stato cieco, folle! Non sapeva dunque niente allora, era talmente estraneo al segreto della vita? No, l'aveva oscuramente percepito e intuito – ahimè, e con tristezza e profonda comprensione pensò adesso all'albero che era fatto di uomo e di donna!

Venne un uccello in volo, rosse e verdi le penne, un bell'uccello ardito venne in volo, facendo un arco venne. La fanciulla lo vide volare, vide qualcosa cadergli dal becco, e quel qualcosa emanava una luce rossa come sangue, rossa come brace, e cadde giù nell'erba verde e quel suo lampeggiare le parve tanto familiare, tanto il suo rosso splendore la seppe allettare, che la fanculla si chinò e raccolse quell'oggetto rosso. Ed ecco, era un cristallo, era un carbonchio, e dov'è questa pietra non può esserci tenebra.

Non appena la fanciulla ebbe la pietra magica nella bianca mano, subito si realizzò il desiderio di cui il suo cuore traboccava. La bella fu rapita, sprofondò e diventò una cosa sola con l'albero, sbocciò come un forte, giovane ramo dal suo tronco, crebbe rapidamente verso di lui.

Adesso tutto andava bene, il mondo era a posto, soltanto adesso il Paradiso era stato trovato. Pittore non era più un vecchio albero intristito, ma poteva cantare a voce spiegata Pittoria, Vittoria.

Era trasformato. E siccome questa volta aveva raggiunto la giusta metamorfosi, quella eterna, perché da una metà era divenuto un intero, da quell'ora poté ulteriormente tramutarsi in tutto ciò che voleva. La magica corrente del divenire fluiva costante nel suo sangue, ed egli era eternamente partecipe della creazione che ora per ora si rinnovava.

Diventò capriolo, diventò pesce, diventò uomo e serpe, nube e uccello. Ma in ogni figura era intero, perché era una coppia, aveva luna e sole, aveva uomo e donna dentro, scorreva per le terre come fiume gemello, brillava in cielo come stella doppia.

CANTO D'AMORE

Io sono il cervo, il capriolo tu,
tu sei l'uccello e l'albero son io,
il sole tu ed io la neve,
tu il giorno sei, il sogno io.

Di notte dalla mia bocca dormiente
vola un uccello d'oro fino a te,
chiara la voce, l'ali variopinte,
ti canta questo canto che dice dell'amore,
questo canto che dice di me.

DAL DIARIO DI UN TRAVIATO

Fin dai miei primi innamoramenti di scolaretto fui un rassegnato, cattivo, scoraggiato, timido, e sfortunato amante delle donne: ogni donna che amavo mi pareva troppo buona e sublime per me. Da giovane non ballavo, non flirtavo, non ebbi mai piccole relazioni amorose, e per tutto un lungo matrimonio, profondamente insoddisfatto com'ero, amai le donne e ne sentii la mancanza, eppure le evitai. E adesso che comincio a invecchiare incontro dappertutto delle donne senza averle cercate, e la mia antica timidezza è scomparsa. Mani trovano la mia mano, labbra la mia bocca, e là dove abito si trovano in tutti gli angoli giarrettiere e forcine. E nel turbine di questa vita amorosa un po' troppo piena e affannata, durante la lettura dei bigliettini, nell'aroma di capelli e pelle e cipria e profumi, so perfettamente, qualcuno dentro di me sa perfettamente a che cosa mira, a che cosa conduce tutto questo. Sa che anche questo dovrà essermi tolto, anche questo calice dovrà essere vuotato e nuovamente riempito fino alla nausea, anche questo desiderio segretissimo e pudicissimo dovrà saziarsi e morire, anche da questo paradiso lungamente agognato dovrò presto andarmene con la consapevolezza che il paradiso era solo una bettola da cui si scappa via fiacchi e senza ricordi. Così è, e così bevo anche questo insipido calice, e annichilo in me anche questo scopo lungamente accarezzato.

Così mi è successo con tutto ciò che per qualche tempo aveva attizzato i miei sogni: un giorno, quando il desiderio stava già diventando alquanto vizzo e stanco, all'improvviso veniva appagato, il frutto irraggiungibile e agognato mi cadeva in grembo e anch'esso era soltanto una mela come tutte; la si desidera, la si ottiene, la si mangia, e il suo fascino e la sua magia si estinguono. Questo è il mio destino. Un tempo ho desiderato la libertà, e poi l'ho tracannata, e ho desiderato la solitudine e l'ho assaporata, e così la fama e il benessere fisico, solo per saziarmi e svegliarmi con una sete nuova, diversa, trasformata. Come veneravo, nei miei giovani anni, il matrimonio e la famiglia e quasi non osavo desiderarli per me – ed ebbi moglie e figli, cari figli che amavo con trepida tenerezza – e come tutto si è disfatto poi! E come sognavo la fama nelle avide fantasie dell'adolescenza! E la fama venne, improvvisamente ci fu, e mi saziò rapidamente, era così stupida, così fastidiosa! Come ho desiderato un tempo una vita semplice e spensierata, senza costrizioni professionali, senza fame, con una casetta di campagna tutta mia – e anche questo venne, avevo soldi, mi costruii una graziosa casetta, piantai un bel giardino – e un giorno tutto fu di nuovo senza valore e si dissolse in polvere! Oh, e quando ardentemente desideravo in gioventù i grandi viaggi, Roma, la Sicilia, la Spagna, il Giappone – e anche questo venne, e anche questo fu mio, potei viaggiare, andai in carrozza e per mare in tanti paesi lontani, feci il giro del mondo, e tornai e avevo gustato anche questo frutto, e anch'esso non aveva più alcun incanto!

Lo stesso mi avviene ora con le donne. Anch'esse, le lontane, le lungamente bramate, le irraggiungibili, ora sono venute. Dio sa cosa le attragga, e io carezzo loro i capelli e i trepidi, caldi seni, e mi stupisco, ed esitando tengo in mano il frutto addentato, che un tempo mi allettava così remoto e paradisiaco! È buono, il frutto, è dolce e pieno, non ho nulla da rimproverargli – solo che sazia, sazia rapidamente, già lo sento, presto verrà gettato via. Spesso mi sono domandato che cosa mai attirasse a me gli amici, poi le amiche, perché non sono fedele – ma in fondo sapevo e so che cosa fosse ad attirarli a me, so che cosa continua a darmi una sorta di potere sulle persone. Esse fiutano in me, gli amici e le donne, qualcosa che rende la vita insolita e tempestosa. Intuiscono in me impulsi e sentimenti che sono mutevoli ma forti, sentono in me una sete che cambia sempre il suo oggetto, ma divampa ogni volta selvaggia e ardente. Questo impulso, questa sete mi fanno attraversare tutti i regni della realtà, li esauriscono, li rendono irreali, percorrono il mondo e ardendo lo superano per fuggire oltre, nell'ignoto e nell'anonimo.

Era tardi, oggi, quando sono rientrato a casa nella notte di primavera salendo la montagna, la pioggia cantava sommessa nei gelsi, sotto il mantello la piccola donna bruna mi si aggrappava, finché prendemmo congedo. Quando bevve dalle mie labbra l'ultimo insaziabile bacio, presso la sua casa di campagna di Ceresia, vidi al di là del cielo piovorno uscire l'azzurro e le stelle, e una di esse era la mia buona stella, era Giove. L'altra non la vidi, la misteriosa, Urano, di cui sono al servizio e che trascina la mia vita confusa dal suo rozzo disordine verso il mistero e la magia. Ma c'è sempre, e sempre mi attira e mi risucchia il suo tacito sguardo spirituale.

SOGNO DEL PARADISO TERRESTRE

Per ogni dove fiori azzurri odorano,
con sguardo esangue il loto m'imprigiona,
ogni foglia è custode di una parola magica,
da ogni ramo i serpenti muti occhieggiano.
Corpi slanciati crescono dai calici,
occhi di tigre schiudono nel verde
di fiorite paludi bianche donne in agguato
nei cui capelli rossi fiori ardono.
C'è un madore di coito e seduzione,
d'oscura voluttà di peccati impensabili,
irresistibilmente della terra assonnata
invita ciascun frutto a un tocco carezzevole,
sesso e piacere spira ciascun alito
d'aria tepida gonfia di libidine,
come gioco di dita al seno e al ventre

delle donne i serpenti con astuzia s'avvolgono.
Non l'una o l'altra vuole conquistarmi,
tutte fioriscono allettanti, innumeri,
tutte le sento darsi per piacermi,
di corpi una foresta, un mondo d'anime.
Si gonfia ormai la pena beata dell'anelito,
mi dissolve e dispiega in cento aspetti,
in donna mi trasformo, in lago, in albero,
in fonte, in loto, in vastità celesti,
così su mille ali dispiegandosi
l'anima mia, che una volli credere,
universo si fa moltiplicandosi,
muoio a me stesso e sono unito al mondo.

UN ARALDO DELL'AMORE

Nei primi giorni di maggio [...] il cuculo è il re del bosco, per ogni dove, nelle silenziose valli solitarie, sulle cupole boscose inondate di sole, nelle gole ombrose, ovunque si sente chiamare la sua voce profonda. Il suo appello significa primavera, il suo canto celebra l'immortalità, non per niente è lui l'uccello a cui si domanda il numero degli anni da vivere. Calda e profonda la sua voce risuona nei boschi, qui nelle Alpi meridionali non è diversa da quello che era nella Foresta Nera e nella Valle del Reno durante la mia infanzia, non è diversa da quello che era negli anni passati sul Lago di Costanza, quando i miei figli bambini la udirono per la prima volta. È rimasta la medesima, come il sole, come il bosco, come il verde delle foglie novelle e come il bianco e il viola delle fuggenti nuvole di maggio. Anno dopo anno il cuculo chiama, e nessuno sa se sia ancora quello dell'anno prima e cosa ne sia stato dei cuculi che udimmo un tempo da bambini, da fanciulli, da adolescenti. Questa dolce voce profonda suonava un tempo come promessa e futuro, come appello d'amore, come grido d'assalto, e come presagio di felicità, e adesso suona come passato; e per il cuculo non fa differenza se siamo noi quelli a cui lancia il suo monito o se sono già i nostri figli e nipoti, se il suo grido ci desta nella culla o canta sopra le nostre tombe. Lo si vede di rado, il timido fratello, già per questo lo amo. Non si mostra facilmente, vuole stare da solo. Per la maggior parte degli uomini il cuculo non è altro che questa bella, profonda, allettante voce nel verde – molti l'hanno udito mille volte e non l'hanno mai visto. Ieri ho domandato a tutta una schiera di scolaretti all'incirca dodicenni se avessero mai visto il "cucù", e soltanto uno ha detto di sì.

Io invece l'ho visto spesso, il timido fratello, il mio lieto cugino del bosco che rimane invisibile ai più e di cui si raccontano storie così deliziose, fresche e al di sopra delle patrie. Invisibile com'è, domina per due mesi tutto il bosco, ne è il re. Canoro e provocatorio araldo dell'amore, non tiene in gran conto il matrimonio, la casa e la cura dei figli. Continua a chiamare, fratello cucù, tu sei uno dei miei animali preferiti. Io del resto mi trovo bene con tutti gli animali, quantunque personalmente appartenga alla categoria dei predatori, me la cavo bene con tutti, ne conosco molti, mi diverto con molti, anche di quelli timidi e poco noti.

E in questi giorni sono riuscito ancora una volta a vedere il cuculo, e non uno solo ma una coppia, lui e lei. Li ho visti dal fondo di una gola in cui coglievo fiori di maggio e per un bel pezzo sono rimasto immobile come un albero secco e loro non mi hanno notato. Si davano giocosamente la caccia avanti e indietro fra le alte cime degli alberi (nel bosco di castagni ci sono anche degli alti frassini), il loro volo lieto e agile descriveva ghirlande giubilanti, tesi in tutta la loro lunghezza i grandi uccelli scuri guizzavano di albero in albero con svolte sempre sorprendenti, improvvise, selvagge, improvvisamente verticali verso terra, improvvisamente verso l'alto come razzi, e ad ogni istante si posavano, per meno di un secondo, ed emettevano il loro strido acre ed eccitato.

Non è che abbia potuto vedere il cuculo in ogni anno della mia vita, a conti fatti forse una dozzina di volte, e adesso non potrò più incontrarlo tanto spesso, le gambe non mi funzionano più tanto bene, presto il timido fratello cucù canterà soltanto per i miei figli e i miei nipoti. Ascoltatelo bene, nipoti, sa molte cose, imparate da lui! Imparate da lui l'audace volo primaverile tremante di gioia, l'allettante richiamo intenso e caldo, la dissipata vita vagabonda, il disprezzo del filisteo.

AMORE

Di nuovo chiede la mia bocca lieta
d'essere benedetta dal tuo bacio,
voglio tenere le tue care dita,
ripiegarle per gioco tra le mie,
il mio sguardo assetato al tuo appagare,
nei tuoi capelli sprofondare il viso,
con membra sempre vigili e fedeli
rispondere allo slancio delle tue,
rinnovare con fiamme sempre nuove
la tua bellezza mille e mille volte,
finché, beati e grati entrambi al fato,
abiteremo sopra ogni dolore,
finché il giorno e la notte, il presente e il passato
accoglieremo con fraterno amore,
finché al di sopra d'ogni agire umano
trasfigurati vagheremo in pace.

CASANOVA

Da giovane conoscevo di Casanova soltanto oscure dicerie. Le storie ufficiali della letteratura non prendevano in considerazione questo grande memorialista. La sua fama era quella di un inaudito seduttore e libertino, e le sue memorie passavano per una vera opera satanica tutta lascivia e frivolezza. Ne esistevano una o due edizioni tedesche, vecchie edizioni esaurite in molti volumi che bisognava cercare nelle librerie antiquarie, se proprio ci s'interessava a loro, e chi le possedeva le teneva nascoste in un armadio chiuso a chiave. Arrivai a più di trent'anni prima di vedere quelle memorie. Fino ad allora avevo saputo della loro esistenza solo perché nella farsa di Grabbe hanno la funzione di un'esca diabolica. Ma dopo uscirono molte nuove edizioni di Casanova, tra cui due in lingua tedesca, e il giudizio del mondo e degli studiosi sull'opera e sul suo autore si modificò profondamente. Non era più uno scandalo e non era un vizio segreto possedere e leggere quelle memorie; al contrario, era uno scandalo non conoscerle. E nel giudizio dei critici quel Casanova interdetto e innominato andava trasformandosi in un genio.

Per quanto io apprezzi la stupenda vitalità di Casanova e anche il suo talento letterario, non arriverei a chiamarlo un genio. A questo virtuoso dei sentimenti, a questo grande esperto dell'arte d'amare e di sedurre manca l'aspetto eroico, soprattutto gli manca totalmente quell'atmosfera eroica di isolamento e di tragica emarginazione senza la quale il genio non è pensabile. Casanova non è una personalità troppo sfumata e singolare e nemmeno troppo insolita. Di certo è un uomo favolosamente dotato (e ogni autentico talento inizia e ha le sue radici nella sensualità, in una buona dotazione per quanto riguarda il corpo e i sensi), è un maschio che può tutto, e come tale, con la sua mobilità, la sua eccellente cultura, la sua flessibile arte di vivere, è il classico rappresentante dell'uomo elegante del suo tempo. Vediamo incarnarsi in lui con meravigliosa compiutezza il lato elegante, mondano, allegro-frivolo e votato al virtuosismo della cultura settecentesca, dei decenni di splendore che precedettero la Rivoluzione. Grande viaggiatore, elegante flâneur e gaudente, agente segreto e imprenditore, giocatore e all'occasione truffatore, e insieme di una sensualità tanto forte quanto coltivata, maestro della seduzione, pieno di tenerezza, pieno di cavalleria verso le donne, amante della varietà e tuttavia capace di affezionarsi, quest'uomo brillante esibisce una multilateralità stupefacente per noi moderni. Solo che tutti questi lati sono rivolti verso l'esterno, e quindi il risultato è una nuova unilateralità. L'ideale umano di un grande pensatore moderno non sarebbe né il "genio", né il viveur, né l'uomo del tutto rivolto all'interno né quello puramente rivolto all'esterno, bensì colui che con superiore armonia sa svariare tra il legame col mondo e la meditazione, tra estroversione e introversione. Invece l'intera vita di Casanova, che certo non era un uomo senza spirito, si specchia nella sfera della socialità, e ci vogliono dei violentissimi colpi del destino per renderlo introverso per qualche istante e subito anche cupo e sentimentale.

Soprattutto ci stupisce e ci sconcerta, in questo scaltro artista della vita, l'intimo legame tra virtuosismo e ingenuità. Il virtuosismo è dovuto, oltre che alla sua forte costituzione fisica che lo rende capace di grandi prestazioni, soprattutto al fatto che gli furono risparmiati quegli infiniti, paralizzanti e ottusi anni di scuola che oggi noi riteniamo indispensabili per domare la gioventù. Molto presto, come tutti gli uomini del suo tempo, entra nella vita, diventa indipendente, deve badare a se stesso, viene formato ed esercitato dalla società e dai bisogni elementari nonché dalle donne, impara ad adattarsi, impara a giocare e a mascherarsi, impara l'astuzia, impara il tatto, e poiché tutte le sue doti e i suoi impulsi sono rivolti all'esterno e possono soddisfarsi solo nella vita esteriore, diventa un virtuoso della galanteria. Eppure rimane in tutto e per tutto un ingenuo, e ancora il vecchio Casanova che non senza lascivia prende a narrare le molte avventure amorose della sua vita è – paragonato a un'anima problematica di oggigiorno – un agnello innocente. Seduce molte dozzine di ragazze e di donne e non è mai afferrato dal brivido dell'amore, dalla sua metafisica, non è mai colto da vertigine davanti ai suoi abissi. Solo in tardissima età, quando si trova a Dux in Boemia in involontario isolamento, senza splendore, senza donne, senza denaro, senza avventure, la vita non gli sembra più così indiscutibile, anzi comincia a sembrargli un tantino problematica.

Ed è con queste due magie che ci intriga: col virtuosismo del vivere, del tutto irraggiungibile per noi moderni guastati dalla scuola e specializzati dalle professioni, e con la sua strana innocenza, la sua ingenuità così amabile e graziosa. Di tanto in tanto gli fa molto comodo, questa ingenuità, perché non sono solo le verginità carpite e gli adulteri a gravare la sua robusta coscienza, ma ci sono anche le solenni mascalzonate, gli imbrogli, gli sfruttamenti d'ogni genere con cui si rende divertente la vita e finanzia i suoi viaggi, i suoi piaceri e i suoi amori. E a tutte queste obiezioni alla sua onestà, a tutti questi carichi di coscienza non risponde coi sofismi e col cinismo, ma con un infantile sorriso. Ammette che di tanto in tanto ha giocato dei tiri un po' azzardati e ha buggerato ben bene la gente, ma Dio sa come gli sia capitato, è sempre successo con buone intenzioni o in un momento di smemoratezza, e sempre riesce a giustificarsi giocosamente davanti al proprio giudizio come a quello del mondo.

Oggi esistono astuti imbroglioni e cinici affaristi in quantità e anche donnaioli a sufficienza, ma tutti costoro non riescono a interessarci. Anche all'uomo più dotato di questo genere, se lo confrontassimo a Casanova, mancherebbero le due qualità principali: il modello vivente e sempre efficace di una raffinata vita aristocratica e poi il grande talento letterario. Non credo che le lettere d'amore di un moderno dongiovanni o truffatore berlinese denuncerebbero una cultura spirituale e linguistica superiore a quella delle riviste alle quali quei signori sono abbonati.

In sostanza è il terreno di una perfetta cultura della vita esteriore, di uno stile chiaramente definito, ciò che avvantaggia Casanova rispetto ai suoi colleghi odierni. La bella linea armoniosa della sua vita ci delizia e desta la nostra nostalgia proprio come ogni minima architettura, ogni minimo pezzo di mobilio di quell'epoca – vi sono lì un'unità e una bellezza che mancano completamente alla nostra vita. Appunto per questo è vano il timore di certi moralisti che i lettori odierni possano essere guastati dalla lettura di Casanova. Oh no, non c'è ragione di temerlo, purtroppo non c'è. La nave su cui il nostro eroe galleggia non è tanto la sua personale genialità o la sua personale immoralità quanto, piuttosto, la cultura del suo tempo. Su un tale terreno, a un tale livello basta un piccolo sovrappiù personale per essere potenti.

Se noi moderni leggiamo Casanova con una certa malinconia è soprattutto a causa di questo ambiente della sua vita, di questa bella e perfetta cultura della vita esteriore. Certo, un lettore colto poteva avere la stessa sensazione anche decenni fa. Ma oggi sembra che anche qualcos'altro sia svanito e sia divenuto cosa del passato, qualcosa che Casanova possedeva, e che anche i nostri padri possedevano, e che anche la nostra stessa gioventù possedeva ricavandone grande incanto: la reverenza davanti all'amore. Perfino l'amore alla Casanova, questo stato galante, incostante, giocoso e adolescenziale di eterno innamoramento – perfino questo amore oggi sembra ormai fuori corso, alla stessa stregua dell'amore sentimentale di un Rousseau o di un Werther o del profondo amore ardente degli eroi di Stendhal. Sembra che oggi non esista più né l'amante tragico né quello virtuosistico: solo il piatto cacciatore di dote o lo psicopatico. Che un uomo nel pieno possesso delle sue facoltà, dotato, vitale, dedichi tutte le sue doti e le sue forze al lucro o al servizio di un partito politico, oggi sembra a chiunque non soltanto possibile, ma anche giusto e normale; – ma nessuno si sogna di pensare che egli possa rivolgere queste sue doti e queste sue forze alle donne e all'amore. Dall'America più borghese fino al socialismo sovietico più rosso, – in nessuna visione del mondo davvero "moderna" l'amore gioca nella vita un ruolo diverso da quello insignificante di un secondario fattore di piacere per la cui regolazione bastano alcuni precetti igienici.

Ma forse anche la modernità d'oggi avrà il destino di tutte le modernità, quello di durare solo per un fugace istante dell'universo. Mentre il problema dell'amore, se ben conosco la storia, dopo ogni attimo di offuscamento può sempre ridiventare estremamente attuale.

SEDUTTORE

Ho aspettato davanti a molte porte,
a molte orecchie un canto ho mormorato,
volli sedurre molte belle donne,
con alcune il successo m'è toccato.
E sempre, se una bocca si arrendeva,
se l'ardore era sazio, una beata
fantasia nella tomba discendeva,
e avevo solo carne nella mano frustrata.
Il bacio domandato con passione,
la notte lungamente, febbrilmente inseguita,
infine erano miei – come un fiore spezzato,

senza profumo, la beltà fuggita.
Da più di un letto mi levai soffrendo,
la voluttà mi parve un'abitudine,
desiderai, fuggendo dal piacere,
il sogno, il desiderio e la mia solitudine.
Mia dannazione, che giammai mi appaghi
il possesso, che il sogno fabbricato
da me per lei la realtà distrugga,
all'apparenza estatico, beato!
Esitando la mano si tende a nuovi fiori,
ad altre orecchie intono il canto ormai...
Bella donna, difenditi, sta' chiusa nella veste!
Deliziami, torturami – non esaudirmi mai!

NOTTE DI BALLO

In quella notte di ballo mi fu concessa un'esperienza che [...] mi era rimasta ignota, sebbene ogni ragazzina e ogni studente la conoscano: l'esperienza della festa, l'ebbrezza della comunità in festa, il mistero dell'annullamento della persona nella folla, dell'*unio mystica* che si realizza nella gioia. Ne avevo spesso sentito parlare, qualunque servetta sapeva cosa fosse, e spesso avevo visto brillare gli occhi di chi raccontava e ne avevo sorriso con superiorità mista ad invidia. Lo splendore degli occhi inebriati di una persona rapita a se stessa, redenta da se stessa, il sorriso, lo smarrimento quasi folle di colui che si annienta nell'ebbrezza della comunità, in vita mia l'avevo già visto cento volte, sia in versione nobile che in versione volgare: nelle reclute e nei marinai ubriachi come nei grandi artisti, per esempio nell'entusiasmo delle esecuzioni solenni, ma anche nei giovani soldati che andavano in guerra; e ancora di recente avevo ammirato, amato, schernito e invidiato lo sguardo raggiante, il sorriso di chi è felicemente rapito... Un sorriso così, uno sguardo raggiante così infantile, avevo talvolta pensato, è possibile solo a persone molto giovani o a quei popoli che non si concedono una forte individuazione e differenziazione del singolo. Ma oggi, in questa notte benedetta, io stesso irradiavo quel sorriso, io stesso nuotavo in quella profonda, infantile, fiabesca felicità, io stesso respiravo quel dolce sogno estatico fatto di comunità, musica, ritmo, vino e desiderio sessuale: quel medesimo sogno che un tempo, quando uno studente raccontava di un ballo, ascoltavo celebrare con scherno e con triste superiorità. Io non ero più io, la mia personalità si era sciolta nell'ebbrezza della festa come il sale nell'acqua. Ballavo con questa o quella donna, ma non avevo soltanto lei tra le braccia, non mi sfioravano soltanto i suoi capelli, non inalavo soltanto il suo profumo: tutte, tutte le donne che come me nuotavano nella stessa sala, nella stessa danza, nella stessa musica, tutte quelle donne i cui visi raggianti mi galleggiavano accanto come grandi fiori fantastici, tutte mi appartenevano, a tutte appartenevo, tutti partecipavamo di tutti. E anche gli uomini appartenevano a questa comunità, io ero anche in loro, anche loro non mi erano estranei, il loro sorriso era il mio, il loro desiderio era il mio come il mio era il loro.

GAROFANO

Garofano rosso fiorisce in giardino,
irradia profumi d'amore,
non vuole dormire, non vuole aspettare,
un impulso, uno solo, ha il garofano:
più in fretta, più ardente e selvaggio fiorire!

E vedo una fiamma rifulgere viva,
e il vento ne attizza il rossore,
e lei trema, lei palpita di desiderio,
un impulso ha la fiamma, uno solo:
più in fretta, più in fretta bruciare e finire!

O tu nel mio sangue, nell'intimo mio,
che vuole il tuo sogno, tu amore?
Non vuoi scorrere in piccole gocce,
in fiumane, in schiumanti maree tu vuoi solo
dissiparti, esaurirti, morire!

INNAMORATE DELLA VITA

Le carezze di Maria non fecero alcun male alla musica meravigliosa che avevo udito quel giorno; ne erano degne, ne erano il compimento. Lentamente scostavo la coperta dal corpo della bella donna, finché coi miei baci fui arrivato ai suoi piedi. Quando mi coricai accanto a lei, il suo viso fiorito mi rivolse un sorriso onnisciente e benevolo.

Quella notte, al fianco di Maria, dormii non a lungo, ma bene e profondamente come un bambino. E tra i periodi di sonno bevvi la sua bella e serena gioventù e chiacchierando sottovoce appresi una quantità di cose interessanti sulla vita sua e di Hermine. Prima ne sapevo molto poco di questo genere di esseri e di vite, solo a teatro mi ero occasionalmente imbattuto in esistenze simili – sia donne che uomini – a metà tra l'artista e il gaudente. Soltanto adesso potevo gettare uno sguardo in queste vite bizzarre, stranamente innocenti, stranamente corrotte. Queste ragazze, per lo più di famiglia povera, troppo intelligenti e troppo graziose per dedicare la loro vita a un mestiere malpagato e squallido, vivevano tutte ora di lavori occasionali, ora della loro grazia e amabilità. Per un paio di mesi sedevano a una macchina da scrivere, a periodi erano le amanti di ricchi uomini del mondo, ricevevano mance e regali, ogni tanto vivevano impellicciate, con la macchina e al Grand Hotel, ogni tanto in una soffitta, e non tenevano affatto al matrimonio, sebbene un'offerta elevata potesse anche indurvele. Alcune di esse non avevano desideri sessuali e concedevano le loro grazie solo a malincuore e mercanteggiando sul prezzo. Altre, e Maria era tra queste, erano insolitamente dotate per l'amore e bisognose d'amore, in genere anche esperte d'amore con entrambi i sessi; vivevano unicamente in funzione dell'amore e accanto agli amici ufficiali e paganti coltivavano sempre anche altre relazioni amorose. Attive e affaccendate, preoccupate e incoscienti, intelligenti eppure sconsiderate: così queste farfalline vivevano la loro vita insieme infantile e raffinata, indipendenti, non venali con chiunque, aspettando che la fortuna e il bel tempo le favorissero, innamorate della vita eppure molto meno attaccate ad essa dei borghesi, sempre pronte a seguire nel suo castello un principe azzurro, sempre certe, con parziale consapevolezza, di una fine difficile e triste.

Maria mi insegnò – in quella strana prima notte e nei giorni successivi – molte cose, non solo nuovi giochi d'amore e nuovi appagamenti dei sensi, ma anche una nuova capacità di comprendere, nuovi punti di vista, un nuovo amore. Il mondo dei dancing e dei ritrovi, dei cinema, dei bari e delle hall degli alberghi, che per me, l'eremita e l'esteta, aveva ancora qualcosa di deteriore, di proibito e di degradante, per Maria, per Hermine e per le loro compagne era il mondo in assoluto, non era né buono né cattivo, né desiderabile né spregevole, in quel mondo fioriva la loro breve, avida vita, in esso erano a casa propria e sapevano muoversi. Amavano un certo champagne o un piatto speciale del grill room come noialtri amiamo un compositore o un poeta, e prodigavano a un nuovo ballabile o alla canzonetta sentimentale e sdolcinata di un cantante jazz lo stesso entusiasmo e la stessa intensa commozione che noialtri dedichiamo a Nietzsche o a Hamsun. Maria mi raccontò di quel bel sassofonista di nome Pablo e mi parlò di un song americano che talvolta egli aveva cantato per loro, e ne parlò con un rapimento, un'ammirazione e un amore che mi commossero e mi sconvolsero ben più delle estasi degli intellettuali per i più eletti godimenti artistici. Ero pronto a entusiasmarmi anch'io, non importa come fosse quel song; le parole appassionate di Maria, il suo sguardo illuminato e nostalgico aprirono ampie brecce nella mia estetica. [...] Mi pareva che Maria fosse la mia prima vera amante. Dalle donne che avevo amato avevo sempre preteso spirito e cultura, senza mai rendermi ben conto che anche la donna più intelligente e relativamente più colta non dava mai risposta al logos che abitava dentro di me, ma regolarmente vi si contrapponeva; andavo dalle donne portando con me i miei problemi e i miei pensieri, e mi sarebbe sembrato assolutamente impossibile amare più a lungo di un'ora una ragazza che non avesse mai letto un libro, neppure sapesse cosa significava leggere, e non fosse in grado di distinguere un pezzo di Čajkowskij da uno di Beethoven. Maria non aveva cultura, non aveva bisogno di queste vie traverse e di questi mondi sostitutivi, i suoi problemi nascevano tutti direttamente dai sensi. Conquistare tutta la possibile felicità sensuale e amorosa coi sensi che le erano dati, con la sua eccezionale figura, i suoi colori, i suoi capelli, la sua voce, la sua pelle, il suo temperamento; trovare nell'amante risposta e comprensione per ogni suo talento, per ogni curva dei suoi tratti, per ogni delicata modellazione del suo corpo e suscitare magicamente in lui una reazione viva e appagante, questa era la sua arte e la sua missione. Io l'avevo intuito fin da quel primo, timido ballo con lei; già allora avevo fiutato il profumo di quella sensualità geniale e deliziosamente raffinata ed ero stato affascinato da lei.

Imparai che quei piccoli giocattoli, gli oggetti della moda e del lusso, non erano solo futilità di pessimo gusto né solo l'invenzione di avidi fabbricanti e commercianti, ma erano giustificati, belli, molteplici, un piccolo, anzi grande mondo di oggetti che avevano tutti l'unico scopo di servire all'amore, di raffinare i sensi, di rianimare il morto ambiente circostante dotandolo magicamente di nuovi organi d'amore, dalla cipria e dal profumo alla scarpetta da ballo, dall'anello al portasigarette, dalla fibbia della cintura alla borsetta. Questa borsetta non era una borsetta, il borsellino non era un borsellino, i fiori non erano fiori, il ventaglio non era un ventaglio, tutte queste cose erano il materiale plastico dell'amore, della magia, della seduzione, erano messaggeri, contrabbandieri, armi, grida di battaglia.

Solo la scissione e la contraddizione rendono ricca e fiorente una vita. Che cosa sarebbero la ragione e la lucidità senza la coscienza dell'ebbrezza, che cosa sarebbe il piacere dei sensi se non avesse la morte dietro di sé, e che cosa sarebbe l'amore senza l'eterna inimicizia mortale dei sessi?

Sono del parere che nella mia generazione siano molte di più le vite rovinate da un'eccessiva restrizione e inibizione della vita istintuale che non dal suo contrario. Perciò in alcuni miei libri ho voluto difendere e soccorrere questa vita istintuale repressa – mai però dimenticando il rispetto dovuto ai nobili impegni cui ci chiamano i saggi e le religioni. Il nostro scopo non è: trasformarci in puri spiriti a spese della nostra natura. Il nostro scopo non è: condurre una vita di selvaggio arbitrio a spese della bontà, dell'amore e dell'umanità. Dobbiamo invece cercare la nostra strada tra le esigenze della natura e quelle dello spirito, non una rigida via di mezzo, ma una via elastica e personale su cui libertà e vincolo si alternino come inspirazione ed espirazione.

LA VIA CHE CONDUCE ALLA MADRE

Sboccia a volte da grigia solitudine
un'ora colma di beatitudine,
fiorita come il nome di una donna:
Dagmar, Eva, Lise, Adelheid.
Scocca a volte la pelle di una donna
da veste schiusa un lampo abbacinante,
tra schiuse ciglia sguardo provocante,
di brevi gioie amabile promessa.
E sebbene lo sappia tanto breve
ho del piacere un desiderio ardente,
mando sguardi amorosi e dolcemente
mi accendo al seno di ogni bella donna.

Ed ecco, sono ormai come il bambino
che inseguendo la gioia corre lieto,
avidamente, ma ovunque in segreto
cerca il profumo e i seni della madre.
Sii benvenuta, breve ardente fiamma,

siate baciati, occhi celesti e neri,
multiforme avventura, gioco di desideri,
sii benvenuta, donna, eterna madre!
Amarti, ben lo so, conduce a morte,
ma sognante falena è presto cenere.
Non far ch'io mi disfaccia nelle tenebre,
fa' ch'io muoia nel cuore della fiamma!

Lei ha diciott'anni [...] avrà certo dei sogni d'amore, dei desideri d'amore. Sarà forse di quelli che ne hanno paura. Non li tema! Sono la cosa migliore che ha! Può credermi. Ho perduto molto, io, quando alla sua età ho fatto violenza ai miei sogni d'amore. Non bisogna farlo. [...] Non bisogna aver paura di niente, né ritenere che qualcosa sia proibito, se è un desiderio della nostra anima. [...] È possibile [...] trattare i propri istinti e le proprie cosiddette tentazioni con rispetto e amore. Solo allora rivelano il loro senso, e hanno tutte senso.

METAMORFOSI DELL'AMORE IN ARTE

Io, come Boccadoro, ho un rapporto ingenuamente sensuale con la donna, e amerei indiscriminatamente come Boccadoro se non mi frenasse un rispetto innato e radicato per l'anima del mio prossimo (dunque della donna) e un ritegno altrettanto radicato ad abbandonarmi senza scrupoli ai sensi [...]

Che Boccadoro, e come lui io stesso, non sia assolutamente capace di vivere e di realizzare con le donne esperienze desiderabili o anche solo di medio livello, che nel rapporto diretto con loro non vada molto al di là del piacere sensuale e di una gentilezza un po' impacciata, lo vedo anch'io come lo vede Lei. Il godimento sensuale con la donna non è per Boccadoro la via del possesso spirituale e di un rapporto in cui uomo e donna accrescano il valore della propria personalità, anzi lui raggiunge la sublimazione dell'amore soltanto nell'arte, soltanto su una via traversa, soltanto mediante un surrogato. In questo devo riconoscermi anch'io. Io non vorrei vivere soltanto per amore della vita, non vorrei amare soltanto per amore della donna, ho bisogno di passare attraverso l'arte, ho bisogno del godimento solitario e trasognato dell'artista per essere soddisfatto della vita, anzi per riuscire a sopportarla.

Che ciò riveli un genere di vita e di umanità fragile, tutt'altro che ideale, tutt'altro che esemplare, mi è ben chiaro. Ma è il *mio* genere di vita, l'unico che io capisca, l'unico che possa cercare di rappresentare, a partire dal quale possa cercare di interpretare la vita.

Boccadoro, che senza imparare nulla e senza meditare coerentemente sulle sue esperienze continua a correre dalle donne, mi fa pensare a un'ape che continua a volare dai fiori, sempre obbedendo alla stessa oscura attrazione, per portar via con sé una goccia di nettare, e non approfondisce e non spiritualizza mai il suo rapporto coi fiori, ma in compenso, quando è a casa, rapidamente dimenticando i fiori fabbrica il suo miele: e anche questo l'ape non lo fa per un impulso nobile e davvero consapevole, ma deve farlo per forza, perché è il senso, a lei personalmente irraggiungibile, della sua vita, perché l'alveare, perché il futuro e la discendenza lo pretendono da lei, perché in qualche modo deve servire a donarsi. Allo stesso modo Boccadoro non serve certo la donna, né si dedica alla spiritualizzazione del suo amore, ma accanto alla donna, che è per lui la più efficace fonte della natura, beve quella goccia di esperienza, quella goccia di piacere e di sofferenza da cui, quando il tempo sarà venuto, trarrà le sue opere, il suo miele.

Socrate non farebbe così. Ma per esempio un uomo come Mozart mi ricorda molto Boccadoro. E per me un mondo senza Mozart sarebbe ancora più povero di un mondo senza Socrate. Ma anche di Bach, di Händel, di Tiziano penso che, pur essendo personalità così diverse da Mozart, obbedissero alla legge della loro specie, della loro natura di pecchie, e che sopportassero la propria vita solo perché tacitamente, forse inconsapevolmente, credevano nel senso della mellificazione, nel senso di una vita che continua a depositare nei favi l'estratto del proprio vissuto, colmandoli dunque di un miele che è appunto la felicità dell'ape, il destino dell'ape.

LA MISTERIOSA

Amando, molte donne ci scoprono il mistero
dell'esser loro nella voluttà;
noi lo afferriamo, è nostro per la vita.
Perché, se Amore sa celare il vero,
se conosce l'inganno Voluttà,
all'unione di entrambi la frode è proibita.

Con me tu il sacramento celebravi
e Voluttà pareva unirsi a Amore,
eppure a me giammai ti rivelavi.
Non decifravi quell'enigma inquieto
che sei, per affidarmelo in amore;
tu hai sempre custodito il tuo segreto.

Stanca di me poi te ne andasti via
e mi desti così l'ultima pena;

ma una parte di me resta in tua mano.
E se ti vedo andare di lontano
posso desiderare la bella donna aliena
come se mai non fosse stata mia.

FELICE È CHI SA AMARE

Quanto più invecchiavo, quanto più insipide mi parevano le piccole soddisfazioni che la vita mi dava, tanto più chiaramente comprendevo dove andasse cercata la fonte delle gioie della vita. Imparai che essere amati non è niente, mentre amare è tutto, e sempre più mi parve di capire che ciò che dà valore e piacere alla nostra esistenza non è altro che la nostra capacità di sentire. Ovunque scorgessi sulla terra qualcosa che si potesse chiamare "felicità", consisteva di sensazioni. Il denaro non era niente, il potere non era niente. Si vedevano molti che avevano sia l'uno che l'altro ed erano infelici. La bellezza non era niente, si vedevano uomini belli e donne belle che erano infelici nonostante la loro bellezza. Anche la salute non aveva un gran peso; ognuno aveva la salute che si sentiva, c'erano malati pieni di voglia di vivere che fiorivano fino a poco prima della fine e c'erano sani che avvizzivano angosciati per la paura della sofferenza. Ma la felicità era ovunque una persona avesse dei forti sentimenti e vivesse per loro, non li scacciasse, non facesse loro violenza, ma li coltivasse e ne traesse godimento. La bellezza non appagava chi la possedeva, ma chi sapeva amarla e adorarla.

C'erano moltissimi sentimenti, all'apparenza, ma in fondo erano una cosa sola. Si può dare al sentimento il nome di volontà, o qualsiasi altro. Io lo chiamo amore. La felicità è amore, nient'altro. Felice è chi sa amare. Amore è ogni moto della nostra anima in cui essa senta se stessa e percepisca la propria vita. Felice è dunque chi è capace di amare molto. Ma amare e desiderare non è la stessa cosa. L'amore è desiderio fattosi saggio; l'amore non vuole avere; vuole soltanto amare. Perciò era felice il filosofo che cullava il suo amore per il mondo in una rete di pensieri, che sempre e sempre riavvolgeva il mondo nella sua rete d'amore. Ma io non ero un filosofo.

Neppure sulle vie della morale e della virtù avrei potuto raggiungere la felicità. Sapendo che soltanto la virtù che sento dentro di me, che invento e custodisco dentro di me può rendermi felice – come avrei potuto appropriarmi di una virtù a me estranea? Una cosa però mi era chiara: il comandamento dell'amore, non importa se predicato da Gesù o da Goethe, questo comandamento veniva completamente frainteso dal mondo! Non era affatto un comandamento. Non esistono comandamenti. I comandamenti sono verità trasmesse dal sapiente all'ignorante, nella versione in cui l'ignorante le concepisce e le sente. I comandamenti sono verità concepite erroneamente. Il fondamento di ogni saggezza è questo: la felicità viene solo dall'amore. Se ora dico "Ama il prossimo tuo!", questa è già una falsa dottrina. Forse sarebbe molto più giusto dire: "Ama te stesso come il prossimo tuo!". E forse l'errore originario è stato quello di voler sempre cominciare dal prossimo [...]

Comunque: il fondo della nostra anima desidera la felicità, desidera una benefica armonia con ciò che è al di fuori di noi. Quest'armonia è turbata non appena il nostro rapporto con qualunque cosa è diverso dall'amore. Non esiste un dovere d'amare, esiste solo il dovere d'essere felici. È solo a questo fine che siamo al mondo. E col dovere e con la morale e con i comandamenti ci rendiamo di rado felici l'un l'altro, perché non rendiamo felici noi stessi. Se l'uomo può essere "buono", lo può soltanto quando è felice, quando ha in sé l'armonia. Dunque quando ama.

E l'infelicità che c'era nel mondo, e l'infelicità che c'era dentro di me veniva dunque dal fatto che l'amore era disturbato. Da questo punto di vista le massime del Nuovo Testamento mi sembravano improvvisamente vere e profonde. "Finché non diventerete come fanciulli" – oppure "Il regno dei cieli è dentro di voi".

Questa era la dottrina, l'unica dottrina che ci fosse al mondo. L'aveva detto Gesù, l'aveva detto il Buddha, l'aveva detto Hegel, ognuno nella sua teologia. Per ciascuno l'unica cosa importante al mondo è il suo intimo stesso – la sua anima – la sua capacità d'amare. Se questa è in ordine, allora, che si mangi miglio o si mangi torta, che si portino stracci o gioielli, il mondo è in perfetta sintonia con l'anima, è buono, è in ordine.

[...] Non c'è niente che l'uomo sappia amare quanto se stesso. Non c'è niente che l'uomo sappia temere quanto se stesso. Così, insieme alle altre mitologie, ai comandamenti e alle religioni dell'uomo primitivo, nacque anche quello strano sistema di transfert e di apparenze secondo cui l'amore del singolo per se stesso, su cui si basa la vita, era proibito all'uomo e doveva essere tenuto segreto, celato, mascherato. Amarsi l'un l'altro era considerato migliore, più morale, più nobile che amare se stessi. E siccome l'amore di se stessi era l'istinto originario e l'amore del prossimo non riusciva a fiorire accanto ad esso, l'uomo si inventò un amore di sé mascherato, sublimato, stilizzato, nella forma di una sorta di amore del prossimo basato sulla reciprocità. [...] Così la famiglia, la stirpe, il villaggio, la comunità religiosa, il popolo, la nazione diventarono qualcosa di sacro [...] L'uomo, che per amore di se stesso non può violare il benché minimo comandamento morale – per la comunità, per il popolo e per la patria può fare di tutto, anche le cose più atroci, e ogni istinto normalmente stigmatizzato si trasforma in dovere e in eroismo. A questo punto era arrivata l'umanità fino ad oggi.

Ma forse col tempo anche gli idoli delle nazioni sarebbero caduti, e nel riscoperto amore per tutta l'umanità si sarebbe forse nuovamente imposta l'antica dottrina originaria.

Questi pensieri vengono lentamente, ci si avvicina loro in un movimento a spirale. E quando sono lì è come se li avessimo raggiunti di slancio, in un attimo. Ma i pensieri non sono ancora la vita. Sono la via che vi conduce, e più d'uno rimane eternamente per via.

COME SI CRUCCIA IL VENTO...

Come si cruccia il vento nella notte
così il mio desiderio corre a te,
ogni anelito s'è risvegliato –
o tu che mi hai reso malato,
che ne sai tu di me!

Pian piano spengo questo tardo lume,
veglierò nella febbre ore ed ore,
e la notte ha il tuo viso,
e il vento che parla d'amore
ha il tuo indimenticabile riso!

Non rifiuto e non odio né i sentimenti né i sentimentalismi, anzi mi chiedo: in fondo di che cosa viviamo, dove percepiamo la vita se non nei nostri sentimenti? A che mi serve un borsellino pieno, un buon conto in banca, l'abito ben stirato, una bella ragazza, se non sento nulla, se la mia anima non si commuove? No, per quanto possa odiare i sentimentalismi altrui, in me stesso li amo e perfino li vizio un poco. Il sentimento, la delicatezza e la facile eccitabilità delle vibrazioni dell'anima, è proprio questa la mia dote, su questa base devo campare la vita. Se dovessi contare sulla mia forza muscolare e fossi diventato un lottatore o un pugile, nessuno pretenderebbe che considerassi la forza muscolare qualcosa di secondario. Se fossi bravo a calcolare a mente e dirigessi un grande ufficio, nessuno mi chiederebbe di disprezzare la capacità di calcolare a mente alla stregua di un'inferiorità. Ma ultimamente si pretende dal poeta – e alcuni giovani poeti lo pretendono da se stessi – che rifiuti proprio quello che lo rende poeta, l'eccitabilità dell'anima, la facoltà di innamorarsi, la capacità di amare e di ardere, di donarsi e di vivere nel mondo dei sentimenti esperienze inaudite e sopranormali – proprio questo, che è il loro forte, si vuole che essi odino, e che se ne vergognino, e che si difendano da tutto ciò che potrebbe dirsi "sentimentale". Ebbene, facciano pure; ma io non ci sto, a me i miei sentimenti sono più cari di tutto il cinismo del mondo, e soltanto loro mi hanno impedito, negli anni di guerra, di condividere il sentimentalismo dei cinici e di entusiasmarmi delle sparatorie.

Scrutare, spiegare, disprezzare il mondo sarà affare dei grandi pensatori. A me importa soltanto di poter amare il mondo, di non disprezzarlo, di non odiarlo e di non odiare me stesso, di saperlo contemplare, e contemplare me stesso e tutti gli esseri, con amore e ammirazione e reverenza.

Vale per l'amore ciò che vale per l'arte: chi sa amare soltanto l'immenso è più povero e meschino di chi sa entusiasmarsi per il minimo.
È una cosa strana l'amore, anche nell'arte. L'amore ha

un potere di cui la cultura e l'intelletto e la critica sono privi, sa collegare le cose più lontane, sa affiancare le cose più antiche e quelle più nuove. Supera il tempo riferendo ogni cosa al proprio centro. Lui solo dà sicurezza, lui solo ha ragione, proprio perché non vuole aver ragione.

Quanto minore è la mia fede complessiva nel nostro tempo, quanto più decaduta e corrotta mi sembra l'umanità, tanto meno contrappongo a questa decadenza la rivoluzione e tanto più credo alla magia dell'amore. Tacere su un argomento di cui tutti chiacchierano è gia qualcosa. Sorridere degli uomini e delle istituzioni senza ostilità, combattere la carenza d'amore nel mondo con una piccola eccedenza d'amore nel piccolo e nel privato: con più fedeltà nel lavoro, con maggiore pazienza, con la rinuncia alle facili vendette dello scherno e della critica: ecco tante piccole vie che si possono percorrere.

Amare il mondo e la vita, amare anche sotto la tortura, accogliere con gratitudine ogni raggio di sole e anche nel dolore non disimparare completamente il sorriso – questo insegnamento di ogni autentica poesia non invecchierà mai ed oggi è più che mai necessario e benemerito.

PRESA DI COSCIENZA

Divino ed eterno è lo Spirito.
A Lui, del quale siamo immagine e strumento,
porta la nostra via; nostra più ardente brama
è divenirGli uguali, luci della Sua luce.

Ma terreni e mortali siamo fatti,
pigra la gravità pesa su noi creature.
Bella e materna e calda la Natura ci abbraccia,
ci allatta la Terra, ci accoglie la culla e la tomba;
ma la Natura non ci appaga,
e infrange il suo materno incanto
dell'immortale Spirito, il paterno,
la scintilla, che fa del bimbo un uomo,
cancella l'innocenza,
ci desta alla battaglia e alla coscienza.

Così tra madre e padre,
così tra corpo e Spirito
è incerta la più fragile creatura,
quest'anima tremante, l'uomo, atto al dolore
più d'ogni essere, e insieme atto al sublime:
l'amore che ha fede e speranza.

Ardua è la via, suo cibo il peccato e la morte,
spesso erra nelle tenebre e talora
meglio per lui sarebbe non essere mai nato.
Ma eterna irradia in lui la sua brama nostalgica,
la sua destinazione: Luce, Spirito.
E noi sentiamo: con speciale amore
l'Eterno ama lui, il minacciato.

Perciò a noi fratelli errabondi
anche nella discordia è dato amare,
non odio e condanna
ma amore paziente,
amante patire ci porta
più vicini alla nostra sacra meta.

L'errore di queste domande e di questi lamenti sta probabilmente nel fatto che vorremmo ricevere dall'esterno, come un dono, quello che solo noi stessi, donandoci, possiamo conquistare dentro di noi. Pretendiamo che la vita abbia un senso – ma la vita ha esattamente la stessa quantità di senso che noi stessi siamo in grado di darle. Siccome il singolo ne è capace solo imperfettamente, le religioni e le filosofie hanno cercato di rispondere a questa domanda in termini consolatori.

Queste risposte arrivano tutte alla medesima conclusione: la vita ricava senso soltanto dall'amore. Vale a dire: più siamo capaci di amare e di donarci, più la nostra vita si colma di senso [...]

Lei va a cercare conforto nella natura, e si sente deluso perché questa natura se ne sta lì "passiva e apatica". Ma quanta simpatia ha donato alla natura, lei? Non ha visto e non ha sentito, lei, come sia dura anche la sua vita, come dal maggiolino all'albero ogni essere debba combattere, lavorare, soffrire, rinunciare, come debba inserirsi nel Tutto e piegarsi alle sue leggi a prezzo di lotte e di sacrifici. Anche lei, dunque, è stato apatico e freddo nei confronti della natura. – Ecco il problema. E su questo non dirò più una parola, lei stesso deve meditarci sopra.

Uno strano, ma semplice segreto della saggezza di tutte le epoche ci dice che ogni sia pur minima altruistica dedizione, ogni atto di simpatia, ogni atto d'amore ci arricchisce, mentre ogni sforzo di conquistare proprietà e potere ci debilita e ci impoverisce. L'hanno saputo e insegnato gli Indiani, e poi i saggi Greci, e poi Gesù e dopo di allora altre migliaia di saggi e di poeti le cui opere durano oltre le epoche, mentre i regni e i re del loro tempo sono scomparsi e dimenticati. Potete schierarvi con Gesù o con Platone, con Schiller o con Spinoza: ovunque la suprema saggezza dice che non sono il potere né la proprietà né la conoscenza a rendere felici, ma esclusivamente l'amore. Ogni altruismo, ogni rinuncia dettata dall'amore, ogni compassione attiva, ogni donazione di sé sembra uno spreco, una privazione, e invece è un arricchimento e una crescita, ed è anche l'unica via che conduca in avanti e verso l'alto. È una vecchia canzone e io sono un cattivo cantante e un cattivo predicatore, ma le verità non invecchiano e sono vere sempre e dappertutto, sia che vengano predicate in un deserto, cantate in un poema o stampate su un giornale.

Se si prendono le massime del Nuovo Testamento non come comandamenti, ma come enunciati di una conoscenza insolitamente profonda dei segreti della nostra anima, allora la parola più saggia che sia mai stata detta, la breve quintessenza di ogni arte di vivere e di ogni dottrina della felicità, è la massima "Ama il prossimo tuo come te stesso", che fra l'altro compare già nel Vecchio Testamento. Uno può amare il prossimo meno di se stesso – allora è l'egoista, l'arraffone, il capitalista, il borghese, e per quanto accumuli denaro e potere non avrà un cuore lieto, e le più delicate e preziose gioie dell'anima gli saranno precluse. Oppure uno può amare il prossimo più di se stesso – e sarà un povero diavolo pieno di complessi d'inferiorità, bramoso di amare ogni cosa e tuttavia pieno di rancore e di autoflagellazione, e vivrà in un inferno che lui stesso si riscalderà ogni giorno. Invece l'equilibrio dell'amore, il saper amare senza restare in debito da una parte o dall'altra, questo amore per se stessi che non è rubato a nessuno, questo amore per l'altro che non castra e violenta il proprio io! Il segreto di ogni felicità, di ogni beatitudine è contenuto in questo concetto. E se si vuole lo si può anche rigirare dalla parte indiana e dargli questo significato: ama il prossimo tuo, perché è te stesso!, una traduzione cristiana di "tat twam asi". Ah, la saggezza è così semplice, è stata enunciata e formulata da tanto tempo in modo così preciso e inequivocabile! Perché ci appartiene solo di quando in quando, solo nei giorni buoni, perché non sempre?

La via dell'amore è così difficile da percorrere perché nel mondo si crede poco nell'amore, perché l'amore si scontra ovunque con la diffidenza.

Il mondo è malato d'ingiustizia, è vero. Ma è molto più malato di mancanza d'amore, d'umanità, di fraternità. La fraternità che viene nutrita marciando a migliaia e imbracciando le armi è per me inaccettabile sia in forma militare che in forma rivoluzionaria.

NEL QUARTO ANNO DI GUERRA

Se anche fa freddo e se la pioggia scroscia
e se la sera è triste
canto la mia canzone nel tempo che resiste
non so chi sente.

Se anche soffoca il mondo nell'angoscia
della guerra, talora
qua e là non visto brucia amore ancora
segretamente.

Quando un uomo pretende molto da se stesso io lo capisco e lo approvo, ma se egli estende questa pretesa agli altri e fa della sua vita una "battaglia" per il bene devo astenermi da ogni giudizio, perché io non tengo in alcun conto battaglia, azione, opposizione; credo di sapere che ogni volontà di trasformazione del mondo conduce alla guerra e alla violenza e pertanto non posso aderire a nessuna opposizione, dato che non ne approvo le estreme conseguenze e considero insanabili l'ingiustizia e la malvagità sulla terra. Ciò che possiamo e dobbiamo trasformare siamo noi stessi: la nostra impazienza, il nostro egoismo (anche quello intellettuale), la nostra suscettibilità, la nostra mancanza d'amore e d'indulgenza. Ogni altra trasformazione del mondo, anche se fosse guidata dalle migliori intenzioni, la considero inutile.

Il molle è più forte del duro.
L'acqua è più forte della roccia.
L'amore è più forte della violenza.

VERSO LA PACE

Per la festa dell'armistizio di Radio Basilea
Da un sogno d'odio, un'estasi di sangue
destandosi, ancor ciechi e sordi
del lampo micidiale, del tuono della guerra
avvezzi ad ogni orrore
depongono le armi
loro atroce lavoro quotidiano
gli sfiniti guerrieri.

"Pace!" s'ode parola
come di fiabe, d'infantili sogni.
"Pace." E non osa il cuore
rallegrarsi, più prossimo alle lagrime.

Noi povere creature
capaci di bene e di male,
bestie e dei! Come pesa la pena,
come ci pesa addosso la vergogna!

Ma noi speriamo. E in petto
arde la viva intuizione dei
miracoli d'amore.

Fratelli! Allo spirito ancora
ci è dato il ritorno, all'amore,
di tutti i perduti
paradisi la porta ci è aperta.

Vi dico di volere! Di sperare! D'amare.
E di nuovo la terra sarà vostra.

Il male nasce sempre dove l'amore non basta.

La fantasia e la capacità d'immedesimazione non sono altro che forme dell'amore.

Se c'è qualcosa che vorrei consigliare ai lettori, è questo: amate i vostri simili, anche i deboli, anche i buoni a nulla, ma non condannateli.

Se qualcuno biasima un libro o un'opera d'arte che le è cara, è inutile che lei si ribelli o cerchi di difendere il libro. Bisogna essere fedeli al proprio amore e bisogna professarlo apertamente, questo sì, ma non bisogna litigare sull'oggetto del proprio amore. È inutile. I libri dei poeti non hanno alcun bisogno di spiegazione o di difesa, sono estremamente pazienti e sanno aspettare, e se valgono qualcosa vivranno.

≠ della morte è anche un richiamo d'amore. La morte è dolce se le facciamo buon viso, se la accettiamo come una delle grandi, eterne forme dell'amore e della trasformazione.

Fonti

WA = Hesse-Werkausgabe (Edizione dell'opera), Frankfurt am Main 1970.

p. 3 *Sul ghiaccio* (*Auf dem Eise*), riproduzione parziale del racconto scritto intorno al 1900, inserito in H. Hesse, *Die Kunst des Müssiggangs* (*L'arte dell'ozio*), Frankfurt am Main 1973, pp. 112 sgg.

p. 7 *Troppo tardi* (*Zu spät*), 1909; da H. Hesse, *Die Gedichte* (*Le poesie*), Frankfurt am Main 1977.

– Da H. Hesse, *Der Steppenwolf* (*Il lupo della steppa*), 1927, WA 7, p. 358.

– Da *Peter Camenzind*, 1904, WA 1, p. 400.

p. 8 Da una lettera inedita.

– Da *Gertrud*, 1910, WA 3, p. 86.

– Da *Der Weg der Liebe* (*La via dell'amore*), WA 10, p. 448.

– *L'apprendistato di Hans Dierlamm* (*Hans Dierlamms Lehrzeit*), prima ed. 1909; da *Gesammelte Erzählungen* (*Tutti i racconti*), Frankfurt am Main 1977.

p. 38 Da *Gesammelte Briefe* (*Tutte le lettere*), Frankfurt am Main 1973, vol. 1, p. 105.

– Da una lettera inedita.

– Quartina da *Die Gedichte* (*Le poesie*).

– Da *Demian*, 1919, WA 5, p. 147.

p. 39 *Il ciclone* (*Der Zyklon*), prima ed. 1913; da *Gesammelte Erzählungen* (*Tutti i racconti*).

p. 56 Da *Peter Camenzind*, WA 1, p. 448.

p. 57 *Amo le donne* (*Ich liebe Frauen*); da *Die Gedichte* (*Le poesie*).

– *Quella sera d'estate* (*An jenem Sommerabend*), riproduzione parziale di *Fragment aus der Jugendzeit* (*Frammento dell'epoca giovanile*), 1907; da *Gesammelte Erzählungen* (*Tutti i racconti*).

p. 67 *Elisabeth*, 1900; da *Die Gedichte* (*Le poesie*).

p. 68 *"Più era bello..."* (*"Je schöner es war..."*); da *Peter Camenzind*, WA 1, pp. 366 sgg.

p. 72 *Così vanno le stelle* (*So ziehen Sterne*),1898; da *Die Gedichte* (*Le poesie*).

p. 72 *Lo capisce?* (*Verstehen Sie das?*), riproduzione parziale di *Liebesopfer* (*Sacrificio d'amore*), prima ed. 1907; da *Gesammelte Erzählungen* (*Tutti i racconti*).

p. 76 *La fiamma* (*Die Flamme*), 1910; da *Die Gedichte* (*Le poesie*).

p. 77 Da *Ausgewählte Briefe* (*Lettere scelte*), Frankfurt am Main 1974, p. 239.

– Da *Klein und Wagner* (*Klein e Wagner*), WA 5, p. 251.

– *"Quando ebbi sedici anni"* (*"Als ich , Jahre alt war"*), riproduzione parziale di *Brief eines Jünglings* (*Lettera di un giovinetto*), in *Die Kunst des Müssiggangs* (*L'arte dell'ozio*), pp. 55 sgg.

p. 81 *Canto per l'amata nella fredda primavera* (*Lied an die Geliebte im kalten Frühling*), 1924; da *Die Gedichte* (*Le poesie*).

– *Ricordi* (*Erinnerungen*), 1905, riproduzione parziale di *Eine Fussreise im Herbst* (*Una passeggiata autunnale*), in *Gesammelte Erzählungen* (*Tutti i racconti*).

p. 83 *Come pesano...* (*Wie sind die Tage...*), 1911; da *Die Gedichte* (*Le poesie*).

– *Amore* (*Liebe*), nel 1906; da *Die Kunst des Müssiggangs* (*L'arte dell'ozio*), pp. 50 sgg.

p. 88 Da *Gesammelte Briefe* (*Tutte le lettere*), vol. 2, p. 354.

– *Scherzo* (*Im Scherz*); da *Die Gedichte* (*Le poesie*).

p. 89 Da *Der innere Reichtum* (*La ricchezza interiore*), in *Die Kunst des Müssiggangs* (*L'arte dell'ozio*), p. 179.

– Da *Im Philisterland* (*Nel paese dei filistei*), WA 6, pp. 175 sgg.

p. 90 Da *Peter Camenzind*, WA 1, p. 397.

p. 91 *Taedium vitae*, prima ed. 1908; qui riproduzione parziale del racconto edito in *Gesammelte Erzählungen* (*Tutti i racconti*).

p. 107 *Canzone d'amore* (*Liebeslied*), 1907; da *Die Gedichte* (*Le poesie*).

p. 108 *Iris*, 1918; da H. Hesse, *Die Märchen* (*Le fiabe*), Frankfurt am Main 1975.

p. 127 *Sera d'aprile* (*Abend im April*), 1922; poesia finora inedita.

– *Attesa dell'avventura* (*Erwartung des Abenteuers*), riproduzione parziale di H. Hesse, *Wanderung* (*Vagabondaggio*), 1920, WA 6, pp. 139 sgg.

p. 129 *A una donna* (*Einer Frau*), 1920; da *Die Gedichte* (*Le poesie*).

p. 130 *C'era un innamorato...* (*Es war ein Liebender...*); da *Demian*, WA 5, pp. 147 sg.

p. 131 *Mon rêve familier*; da *Die Gedichte* (*Le poesie*).

p. 132 *Klingsor a Edith* (*Klingsor an Edith*); da H. Hesse, *Klingsors letzter Sommer* (*L'ultima estate di Klingsor*), 1920, WA 5, pp. 324 sg.

p. 133 *Lampi* (*Wetterleuchten*); da *Die Gedichte* (*Le poesie*).

p. 134 Da *Klingsors letzter Sommer* (*L'ultima estate di Klingsor*), WA 5, pp. 303 sg.

– Da *Gesammelte Briefe* (*Tutte le lettere*), vol. 2, p. 43.

p. 135 Da una recensione del 1914.

– *Nuovo incontro* (*Wiedersehen*), poesia scritta intorno al 1916; da *Die Gedichte* (*Le poesie*).

– *Cosa vide il poeta alla sera* (*Was der Dichter am Abend sah*), racconto scritto intorno al 1924; da *Die Kunst des Müssiggangs* (*L'arte dell'ozio*), pp. 213 sgg.

p. 141 *L'innamorato* (*Der Liebende*), 1921; da *Die Gedichte* (*Le poesie*).

p. 142 *Le metamorfosi di Piktor* (*Piktors Verwandlungen*), 1922; da *Die Märchen* (*Le fiabe*).

p. 147 *Canto d'amore* (*Liebeslied*), 1920; da *Die Gedichte* (*Le poesie*).

p. 148 *Dal diario di un traviato* (*Aus dem Tagebuch eines Entgleisten*), 1922; riproduzione parziale di *Materialien zu Hesses "Steppenwolf"* (*Materiali su "Il lupo della steppa" di Hesse*), Frankfurt am Main 1972, pp. 201 sgg.

p. 150 *Sogno del Paradiso terrestre* (*Paradies-Traum*), 1926; da *Die Gedichte* (*Le poesie*).

p. 151 *Un araldo dell'amore* (*Ein Herold der Liebe*), 1927; riproduzione parziale di *Mai im Kastanienwald* (*Maggio nel bosco di castagni*), in H. Hesse, *Kleine Freuden* (*Piccole gioie*), Frankfurt am Main 1977, pp. 222 sgg.

p. 153 *Amore* (*Liebe*); da *Die Gedichte* (*Le poesie*).

p. 154 *Casanova*, 1925; da H. Hesse, *Eine Literaturgeschichte in Rezensionen und Aufsätzen* (*Storia della letteratura in recensioni e saggi*), WA 12, pp. 115 sgg.

p. 158 *Seduttore* (*Verführer*), 1926; da *Die Gedichte* (*Le poesie*).

p. 159 *Notte di ballo* (*Ballnacht*); da *Der Steppenwolf* (*Il lupo della steppa*), WA 7, pp. 359 sgg.

p. 160 *Garofano* (*Nelke*), 1919; da *Die Gedichte* (*Le poesie*).

p. 161 *Innamorate della vita* (*Ins Leben verliebt*); da *Der Steppenwolf* (*Il lupo della steppa*), WA 7, pp. 326 sgg.

p. 164 Da *Der Steppenwolf* (*Il lupo della steppa*), WA 7, p. 333.

– Da *Narziss und Goldmund* (*Narciso e Boccadoro*), 1930, WA 8, p. 198.

p. 164 Da *Ausgewählte Briefe* (*Lettere scelte*), p. 415.

– *La via che conduce alla madre* (*Weg zur Mutter*), 1926; da *Die Gedichte* (*Le poesie*).

p. 166 Da *Demian*, WA 5, pp. 111 sg.

– *Metamorfosi dell'amore in arte* (*Verwandlung der Liebe in Kunst*), estratto di una lettera dell'aprile 1931, in *Gesammelte Briefe* (*Tutte le lettere*), vol. 3, pp. 275 sgg.

p. 168 *La misteriosa* (*Die Geheimnisvolle*), 1928; da *Die Gedichte* (*Le poesie*).

p. 169 *Felice è chi sa amare* (*Wer lieben kann, ist glücklich*), 1918; riproduzione parziale di *Aus Martins Tagebuch* (*Dal diario di Martin*), in *Kleine Freuden* (*Piccole gioie*), pp. 131 sgg.

p. 172 *Come si cruccia il vento...* (*Wie der stöhnende Wind*); da *Die Gedichte* (*Le poesie*).

– Da H. Hesse, *Die Nürnberger Reise* (*Il viaggio a Norimberga*), 1927, WA 7, pp. 135 sg.

p. 173 Da H. Hesse, *Siddharta*, 1922, WA 5, p. 467.

– Da *Expressionismus in der Dichtung* (*L'espressionismo nella poesia*), WA 11, pp. 207 sg.

p. 174 Da *Ausgewählte Briefe* (*Lettere scelte*), p. 91.

– Da una prefazione al carteggio Storm-Mörike, 1919.

– *Presa di coscienza* (*Besinnung*), 1933; da *Die Gedichte* (*Le poesie*).

p. 176 Da *Ausgewählte Briefe* (*Lettere scelte*), pp. 465 sg.

– Da *Zu Weihnachten* (*A Natale*), 1907, in *Die Kunst des Müssiggangs* (*L'arte dell'ozio*), p. 80.

p. 177 Da H. Hesse, *Kurgast* (*La cura*), 1924, WA 7, pp. 105 sg.

p. 178 Da *Der Weg der Liebe* (*La via dell'amore*), WA 10, p. 446.

– Da *Ausgewählte Briefe* (*Lettere scelte*), p. 100.

– *Nel quarto anno di guerra* (*Im vierten Kriegsjahr*), 1917; da *Die Gedichte* (*Le poesie*).

p. 179 Da *Ausgewählte Briefe* (*Lettere scelte*), pp. 107 sg.

– Da *Siddharta*, WA 5.

– *Verso la pace* (*Dem Frieden entgegen*), 1945; da *Die Gedichte* (*Le poesie*).

p. 180 Da *Gesammelte Briefe* (*Tutte le lettere*), vol. 3, p. 182.

– Da una lettera inedita.

p. 181 Da *Ausgewählte Briefe* (*Lettere scelte*), p. 138.

– Da *Ausgewählte Briefe* (*Lettere scelte*), pp. 375 sg.

– Da *Gesammelte Briefe* (*Tutte le lettere*), vol. 3, p. 65.

Indice

    V *Introduzione*
        di Bruna Bianchi
 XVII *Cronologia*
XXXI *Bibliografia*

    1 SULL'AMORE

183 *Fonti*